Felix Zimmermann

Schauplatz Palästina

W0011402

HERDER spektrum

Band 5666

Das Buch

Bewegung scheint in den israelisch-palästinensischen Konflikt gekommen zu sein. Hat der Tod Jassir Arafats einen Wandel in der ver-
fahrenen Situation bewirkt? Welches Ziel verfolgte Ariel Scharon mit
dem Rückzug aus den besetzten Gebieten? Was bedeutet der Bau der
Mauer für den Alltag der Menschen? Und bricht nun endlich eine
neue Zeit für die Region an? Der Nahostkorrespondent Felix Zimmermann zeigt in diesem Buch, wie sich Palästina verändert.
Er erzählt von Friedensinitiativen und von Kindern, die im Hass er-
zogen werden, von Palästinensern, durch deren Garten die Mauer
gebaut wird und von Israelis, die sich durch die Mauer geschützt
fühlen, von Soldaten, die das Schweigen brechen und von Siedlern,
die das Land verlassen müssen. Aus den Lebensgeschichten, die er
nachzeichnet, entsteht ein genaues Porträt der Gesellschaft eines
Landes im Umbruch. Es sind Geschichten über Hoffnungen und Ent-
täuschungen, über Ängste und Wünsche, über Macht und Ohn-
macht. Sie zeigen, wie sehr jeder Einzelne in seinem Leben mit Entscheidungen der großen Politik konfrontiert ist und warum selbst
kleine Kompromisse so schmerzhaft sind, dass sie das Zusammen-
leben immer wieder auf die Probe stellen. Eine spannende Reportage
über ein schwieriges und faszinierendes Land.

Der Autor

Felix Zimmermann, geb. 1974, studierte Geschichte und Soziologie
in Bielefeld, Madrid und München und besuchte die Henri-Nannen-
Journalistenschule in Hamburg. Als Nahostkorrespondent der »Ber-
liner Zeitung« lebte er in Tel Aviv und Ramallah. Er schreibt u. a. für
»Die Zeit«, für »Cicero« und das NZZ-Magazin »Folio«.

Felix Zimmermann

Schauplatz Palästina

Leben auf beiden Seiten der Mauer

HERDER

FREIBURG · BASEL · WIEN

Gedruckt auf umweltfreundlichem, chlorfrei gebleichtem Papier

Originalausgabe

Alle Rechte vorbehalten – Printed in Germany
© Verlag Herder Freiburg im Breisgau 2006
www.herder.de
Satz: Susanne Lomer, Freiburg
Herstellung: fgb · freiburger graphische betriebe 2006
www.fgb.de
Umschlaggestaltung und Konzeption: R · M · E München /
Roland Eschlbeck, Liana Tuchel
Umschlagfoto © Gettyimages
ISBN-13: 978-3-451-05666-6
ISBN-10: 3-451-05666-6

Inhalt

Hoffnung, aber nur auf Kurzbesuch

Es war ein eigenartiger Zufall der Geschichte, der sich Ende Oktober 2004 im Nahen Osten ereignete. Zwischen Jerusalem und Ramallah, den politischen Epizentren im israelisch-palästinensischen Konflikt, griffen plötzlich zwei Räder ineinander und gaben der großen Maschine namens Geschichte neuen Schwung. Am Abend des 26. Oktober protestierten wütende jüdische Siedler vor der Knesset, dem israelischen Parlament. Drinnen verhandelten die Abgeordneten seit Stunden über den von Premierminister Ariel Scharon initiierten Rückzug aus 25 jüdischen Siedlungen. Ein historischer Schritt würde das sein, das war allen klar: vor allem die Aufgabe aller 21 Siedlungen des Gaza-Streifens, der komplette Rückzug Israels von dem schmalen Landstreifen, die erste Rückgabe zumindest eines Teils der Gebiete, die Israel 1967 besetzt hatte. Die Siedler waren zu Tausenden angereist, die meisten aus dem Gaza-Streifen. Kinder hatten schulfrei bekommen, Eltern hatten sich Urlaub genommen, manche waren zu Fuß gekommen, um zu zeigen, dass sie gegen den Abzugsplan waren. Um acht Uhr abends wurde das Ergebnis bekannt: Die Knesset hatte sich, wie erwartet, für die Räumung der 25 Siedlungen ausgesprochen. Neben denen im Gaza-Streifen ging es um vier relativ isolierte Orte im nördlichen Westjordanland. Der Stimmung unter den Demonstranten gab das nur noch einen Schub: Jetzt erst recht. So reisten sie in ihre Orte zurück.

Von da an war es sehr wahrscheinlich, dass sich Ariel Scharon durchsetzen würde. Mit der gleichen Entschlossenheit, mit der er zum Vater der Siedlungen geworden war, würde er nun zum Bestatter einiger dieser Orte werden. Sein Spitzname bekam einen ganz neuen Sinn: Bulldozer nennt man ihn, weil er stets mit einer ihm eigenen Mischung aus Entschlossenheit, Eigensinn und auch Brutalität vorgegangen war. Jetzt würde der Bulldozer also Siedlungen einreißen.

Viele Hügel des Westjordanlandes hatte er in den siebziger Jahren bestiegen, auf der Suche nach geeigneten Plätzen für jüdische Siedlungen. Damals begann seine Karriere als Politiker. Der erste Premierminister des rechten Likud-Blocks, Menachem Begin, hatte den erfolgreichen Armeegeneral Ariel Scharon 1977 zum Minister für Landwirtschaft und zum Vorsitzenden eines Ministerkomitees für Siedlungsbau gemacht. Das passte, denn längst hatte Scharon das Konzept dafür ausgearbeitet: Er wollte möglichst viele jüdische Orte auf der Hügelkette hinter der dicht besiedelten Küstenebene gründen, um das schmale Land durch diese Vorposten zu beschützen. Damals hatte er eng mit der ideologisch-religiösen Bewegung ›Gusch Emunim‹ (Block der Getreuen) zusammengearbeitet. Später war es Ariel Scharon, der eine Reihe von Siedlungen auch für unideologische, säkulare Israelis bewohnbar machte: Heutige Großstädte im Westjordanland wie Ariel oder Ma'aleh Adumim konnten nur durch die Förderung Scharons dazu werden.

Lange blieb er die Lichtgestalt der Siedler, ein Schutzherr ihrer Interessen an einem Groß-Israel. Noch im Wahlkampf 2002/2003 bezeichnete Scharon die mitten im Gaza-Streifen liegende Siedlung Netzarim als genauso wichtig für Israel wie Tel Aviv. Nun also war auch das Ende dieses vielleicht absurdesten Ortes eingeläutet, der nur noch mit einem schusssicheren Zubringerbus zu erreichen war und von mehreren Hundert Soldaten sowie einem Dutzend Wachtürmen gesichert werden musste. Seine radikal-religiösen Freunde aus dem Gusch Emunim von damals warfen dem Premierminister nun Vertrauensbruch und Verrat vor.

Nach der langen Knesset-Sitzung und der historischen Entscheidung kam der nächste Morgen, und mit ihm ein Ereignis, durch das der Nahe Osten nach fast fünf Jahren blutiger Kämpfe und Tausender Toter in Bewegung geriet.

Die Abzugsgegner waren gerade in ihre Siedlungen zurückgekehrt, da blickte die Welt nach Ramallah. Dort saß seit mehreren Jahren der PLO-Führer und gewählte palästinensische Präsident Jassir Arafat in seinem halb zerstörten Amtssitz, der Mukata'a. Er trug immer noch die Kampfuniform eines Guerilleros, nächtigte angeblich in einem kargen Raum auf einer Matratze, aber er kämpfte nicht mehr. Israel hatte ihn kaltgestellt, seine Situation wurde als »faktisch unter Hausarrest stehend« beschrieben, immer wieder dachten hohe Politiker in Jerusalem über eine Liquidierung oder zumindest Exilierung des alten Mannes nach.

Ein letztes Mal machte er auf sich aufmerksam: Er wurde krank. So schwer, dass mit seinem baldigen Ableben zu rechnen war. Damit durchkreuzte Arafat die Strategie Ariel Scharons, der stets behauptet hatte, Israel habe auf palästinensischer Seite niemanden, mit dem es ernsthaft verhandeln könne. Arafat galt schon lange als größtes Hindernis für Gespräche, also musste Scharon praktisch allein handeln. Es ist nicht auszuschließen, dass er das gar nicht so schlecht fand. Und so war der Rückzug aus den 25 Siedlungen ein einseitiger Schritt, der ganz ohne Verhandlungen zustande kam. Eine Drohung auch für die Zukunft: Mit Arafat wird es keine Gespräche geben, die Folge werden weitere einseitige Schritte sein. Israel fing an, die Zukunft des Nahen Ostens über die Köpfe der Palästinenser hinweg zu planen.

Der Nicht-Partner lag im Sterben, es folgten Tage der Verwirrung und des Wartens: Mal wurde der Tod Arafats verkündet, dann wurde er wieder als gesund bezeichnet. Meldung und Dementi folgten mitunter im Minutenabstand. Ärzte aus diversen Ländern des arabischen Raums reisten an, bis sie sein Schicksal aus den Händen gaben.

Arafat wurde auf seine letzte Reise geschickt. Mit einem Hubschrauber wurde er von Ramallah nach Amman und von dort nach Paris geflogen. Es war ein alter, kranker Mann mit einer Pelzmütze, der sich im Morgengrauen des 29. Oktobers noch einmal mit Kusshänden von seinen Anhängern verabschiedete. Man ahnte, er würde als Leichnam zurückkehren. Das wurde offenbar in der Mukata'a nicht anders gesehen, denn hektisch wurde der große Innenhof von Autowracks befreit, die dort als Bollwerke gegen israelische Panzer aufgebaut waren. Ein Begräbnisplatz musste her, und der Innenhof seines Amtssitzes sollte es sein. Wenigstens eine Zwischenstation, denn Arafat hatte den Wunsch geäußert, auf dem Tempelberg in der Jerusalemer Altstadt seine letzte Ruhe zu finden. Dieser Wunsch konnte vorerst nicht erfüllt werden, weil Israel Jerusalem als seine ungeteilte Hauptstadt ansieht. Ein Begräbnis Arafats im Schatten der goldglänzenden Kuppel des Felsendoms hätte dem palästinensischen Anspruch auf Ost-Jerusalem als Hauptstadt zu viel Nahrung gegeben.

Am 11. November 2004 starb Arafat, die Trauerfeier für ihn fand am Tag darauf in Kairo statt. Am Nachmittag wurde sein Leichnam per Hubschrauber nach Ramallah gebracht. Ihm selbst hätte die chaotische Bestattung dort wahrscheinlich Freude bereitet. Es wurde in die Luft geschossen, der Sarg fand durch die Menschenmassen kaum den Weg zum Grab, es war ein einziges Durcheinander, unwürdig irgendwie, aber wie gemacht für einen, der bis in seine letzten Tage das Bild eines Kämpfers gepflegt hatte.

Die israelische Armee wurde in Alarmbereitschaft versetzt, Experten rechneten fest mit einem Bürgerkrieg oder blutigen Machtkämpfen um den Nachlass Arafats. Schnell jedoch zeichnete sich ab, dass Vernunft waltete, wo Chaos vermutet wurde. Getreu der Verfassung übernahm der bis dahin unbekannte Parlamentspräsident Rauhi Fattuch die Geschäfte, bis 60 Tage später die Wahl des palästinensischen Präsidenten stattfinden sollte. Portraits Arafats, die in der Zeit seines Sterbens überall an die Mauern gekleistert worden waren, verblassten schnell im Winterregen – und, merkwürdig genug, es redete fast ebenso schnell auch niemand mehr von dem alten Helden des Freiheitskampfs.

Die Wahl am 9. Januar 2005 wurde von internationalen Beobachtern wie dem ehemaligen US-Präsidenten Jimmy Carter als frei und demokratisch gelobt, und diesmal trat ein, was Experten erwartet hatten: Abends stand Machmud Abbas als Sieger fest. Er hatte in seinem Wahlkampf Kontinuität im Sinne Arafats versprochen, auf den meisten Wahlplakaten sah man ihn neben dem jüngst verstorbenen Palästinenserführer stehen.

Als das Ergebnis verkündet worden war, fuhren Tausende junge Männer johlend und hupend in überladenen Autos durch Ramallah. Treffpunkt der Wahlparty war der zentrale Manara-Platz. Es wurde in die Luft geschossen, wie es an solchen Tagen nun einmal üblich ist, es wurde gesungen und getanzt, einer erklomm das Stahlgerüst in der Mitte des Platzes und schwenkte wie in Trance ein riesiges Abbas-Portrait über der Menge. Die da feierten, waren die Mitglieder der Fatah, der von Arafat gegründeten Partei, der Abbas seit dessen Tod vorstand, und jetzt war ihr Mann auch noch Präsident geworden. Der Jubel dürfte vor allem Ausdruck dafür gewesen sein, dass sich nichts Grundlegendes ändern würde für sie. Einer von ihnen war gewählt. Ämter, Patronage, Beteiligung an der Macht blieben gesichert. Genau das war es auch, was nicht wenigen Palästinensern überhaupt nicht behagte: dass wieder einer aus der alten Fatah-Garde gewählt worden war, dem korrupten Klüngel um Arafat. Für andere war er schlicht der Kandidat, der als von Israel gewollt angesehen und deshalb gewählt wurde. Man brauchte ganz einfach jemanden, mit dem die gegnerische Seite reden würde.

Israel hatte der Mann mit dem weißen Schnauzbart kurz vor der Wahl noch einen Schrecken eingejagt, als er auf einer Wahlkampfveranstaltung von dem »zionistischen Feind«

sprach. Dann aber, als das Ergebnis feststand, kamen plötzlich wohlwollende Töne aus Jerusalem. Ra'anan Gissin, einer der engsten Scharon-Berater und selten um Kritik verlegen, sagte: »Wir heißen seinen Wahlsieg willkommen und hoffen, dass er mit diesem Mandat das palästinensische Volk auf den Weg der Versöhnung führen wird.« Und schon war aus Kreisen der israelischen Regierung zu hören, die Bereitschaft für ein baldiges Treffen zwischen Abbas und Scharon sei da.

Das war die erstaunliche Entwicklung um die Jahreswende 2004/2005 herum. Zwei Monate zuvor wäre es noch nicht denkbar gewesen, dass es schon bald wieder Gespräche geben würde zwischen Israelis und Palästinensern. Da stand sich also am Jahresanfang eine ganz neue Personenkonstellation gegenüber, wenn es auch zwei alte Bekannte waren:

Machmud Abbas, ein als gemäßigt geltender Langweiler, dem es 2003 in seiner kurzen Zeit als Premierminister unter Arafat schon einmal gelungen war, die palästinensischen Terrorgruppen zu einer Waffenruhe zu bewegen. Hoffnung weckte allein schon sein Auftreten: Man war es gewöhnt, als obersten Palästinenser einen uniformierten Kämpfer zu sehen, womöglich mit geladenem Revolver im Halfter. Abbas bevorzugt graue Anzüge, und das schwarz-weiße Palästinensertuch hatte er sich allerhöchstens mal im Wahlkampf umgelegt.

Auf der anderen Seite Ariel Scharon, der durch seine vom Parlament abgesegnete Entscheidung, 25 Siedlungen aufzugeben, auf dem Weg war, weltweit als eine Art geläuterter Ex-Armeegeneral zu gelten. Fast schon als Friedensaktivist. Wobei bis heute unklar blieb, warum Scharon diesen Plan fasste. Böswillige warfen ihm vor, mit diesem Schritt habe er von einem deftigen Korruptionsskandal ablenken wollen, der ihn zu Fall zu bringen drohte. Andere meinten, er wolle auf seine alten Tage sein Bild für die Geschichte aufpolieren. Schließlich galt er bislang als brutaler Soldat, mit dessen Namen sich vor allem die Massaker in den palästinensischen Flüchtlingslagern Sabra und Schatila während des libanesischen Bürgerkrieges verbinden. Als weiterer Grund wurde die Demographie zwischen Mittelmeer und Jordan angeführt: Wenn Israel seinen Charakter als jüdischer Staat behalten wollte, musste man möglichst viele Palästinenser aus der Statistik herausrechnen. Der Verzicht auf den Gaza-Streifen bedeutet einen Verlust von 1,4 Millionen Palästinensern, damit bleiben Juden in den von Israel verwalteten Gebieten vorerst in der Mehrzahl. Nicht zuletzt sicherte er sich durch den Gaza-Abzug von der US-Regierung die Zusage, die großen Siedlungsblöcke im Westjordanland Israel einzuverleiben.

Was auch immer die Gründe für Scharons Plan waren, er wurde dafür gelobt – und selten wurde darauf hingewiesen, dass es sich um gerade mal 8000 Siedler handelte, die umziehen sollten, dass das viel größere Problem aber die 250 000 Siedler im Westjordanland waren. Ein Anfang war gemacht, so wurde es ihm dann ausgelegt. Abbas wurde Anerkennung zuteil, weil er ernsthafte Versuche unternahm, die Terrorgruppen dazu zu bringen, den Abschuss selbst gebauter Raketen nach Israel zu stoppen.

Die Zeit war gekommen, in der ein selten gewordener Gast im Nahen Osten auftauchte. Es war der Gast namens Hoffnung. Vor allem in Gestalt der gerade ins Amt gelangten US-Außenministerin Condoleezza Rice kam er immer mal vorbei, aber es war stets nur ein Kurzbesuch. Einmal hielt Rice eine Pressekonferenz in einer leeren Abflughalle des Ben Gurion-Flughafens von Tel Aviv. Sie nannte die gegenwärtige Situation »den verheißungsvollsten Moment in den letzten Jahren«. Das Ziel, zwei demokratische Staaten zu bilden, die friedlich Seite an Seite existieren würden, sei erreichbar. Sie stellte Abbas noch einen Berater zur Seite, der helfen sollte, das Gestrüpp der vielen unter Arafat gegründeten Sicherheitsdienste zu entwirren, verteilte einige Millionen US-Dollar, lobte Scharons »historischen Schritt« – und stieg in einen

Wagen, der sie mit quietschenden Reifen übers Rollfeld fuhr. Das Flugzeug wartete bereits.

So ist das mit Kurzbesuchen: Kaum sind sie da, sind sie auch schon wieder weg. Einen bleibenden Eindruck hinterlassen sie selten.

Jedenfalls hatte man Schwierigkeiten, jemanden zu finden, der wirklich Hoffnung hatte. Bei dem sie sich also so wohl fühlte, dass sie zum Dauergast wurde.

Zum Beispiel der Verkäufer im Fotoladen ›Studio 2000‹ in Ramallah. Am Tag vor dem Gipfeltreffen von Scharon und Abbas im ägyptischen Badeort Scharm el Scheich im Februar 2005 etwa zuckte er nur mit den Schultern, blickte ziemlich ratlos und sagte: »Wir hoffen«, was eher klang wie: »Das bringt doch alles nichts.« Oder der israelische Reiseunternehmer aus Jerusalem. Er wartete sehnlichst darauf, dass wieder mehr Touristen kamen. Er würde dann sofort in seine Fahrzeugflotte investieren. Als die Touristen kamen (sie hatten Hoffnung, weil sie von außen kamen), zögerte er doch. Zwar hatte Abbas mit den Terrorgruppen eine Waffenruhe vereinbart und Scharon Erleichterungen versprochen – aber was hieß das schon? Also: keine neuen Busse, erst mal besser nicht. Dann war da noch der Archäologe aus Al Bireh, der Schwesterstadt von Ramallah, der nur lachte, als er zum ersten Mal hörte, im Nahen Osten sei ein Fenster der Möglichkeiten aufgegangen. Das war auch so ein oft strapaziertes Schlagwort. Er blickte aus seinem Büro auf eine festungsartig gesicherte jüdische Siedlung und sagte: »Das muss ein ziemlich kleines Fenster sein. Ich habe davon nichts mitbekommen.« Schließlich noch ein Israeli, der nur sagte, mit den Palästinensern sei Frieden nicht zu machen. Und das war keiner, der einen besonders ausgeprägten Hass gegen sie hegte.

Vielleicht ist es auch falsch, bei den Menschen zwischen dem Mittelmeer und dem Jordanfluss nach Hoffnung zu suchen. Vielleicht sind sie schon viel zu verbittert, vielleicht wurden sie zu oft enttäuscht.

Gut ein Jahr nach Arafats Tod scheint der verheißungsvollste Moment, von dem Condoleezza Rice sprach, ungenutzt verstrichen zu sein. Das Fenster der Möglichkeiten ist zugeklappt, wenn es denn je offen war. Es ist nicht allein die fortdauernde Hoffnungslosigkeit überall. Man hat auch nicht den Eindruck, als hätten sich Israelis und Palästinenser wirklich aufeinander zu bewegt. Ein Handschlag beim Gipfel in Scharm el Scheich, ein zweites Treffen ohne Ergebnis in Jerusalem – viel mehr war nicht.

Israel baut ungerührt weiter an der monströsen Sperranlage durchs Westjordanland, zerreißt Dörfer und nimmt den Menschen ihr Land. Siedlungen werden ausgebaut, neue werden still und heimlich gegründet. Kontrollposten, die den Menschen das Leben schwer machen, werden nur zögerlich aufgelöst.

Sicher, im Gaza-Streifen ist kein Israeli mehr. Die Siedler sind ohne den befürchteten Widerstand gegangen. Scharon hat den Konflikt mit seinen Radikalen gewonnen. Jetzt haben die Palästinenser Gelegenheit zu zeigen, dass sie aus ihrem Land einen funktionierenden (Rumpf-)Staat machen können. Aber geht das überhaupt? Ohne Hafen, ohne Flughafen, ohne eine kontinuierlich geöffnete Landverbindung zum Westjordanland?

Und Machmud Abbas? Ist zu schwach, um mit seinen Radikalen den Konflikt zu suchen. Er will die islamistischen Terrorgruppen wie Hamas und Islamischen Dschihad in die politische Arbeit einbinden, anstatt sie zu entmachten. Ihre selbst gebauten Kassam-Raketen versetzen israelische Städte auch weiter in Angst. Nur zwei Monate nach dem Gaza-Abzug sprengte sich ein Selbstmörder in der israelischen Stadt Chadera in die Luft. Abbas verurteilt diese Taten, aber er tut nichts dagegen. Schon lange haben ihn die Israelis als Partner aufgegeben. Abbas ist auf dem Wege, ein zweiter Arafat zu werden.

Die Ereignisse am Ende des Jahres 2006, die die israelische Parteienlandschaft durcheinander wirbeln, werden kaum zu einer Stabilisierung der Lage beitragen. Die Arbeitspartei, der Koalitionspartner des Likud, wählt ihren Vorsitzenden Schimon Peres ab. Sein Nachfolger, der Gewerkschaftsführer Amir Peretz, will die Regierung verlassen, um der Arbeitspartei wieder ein eigenes Profil neben dem nationalistischen Likud zu geben. Peretz will die Armut im Lande bekämpfen und die Besatzung beenden. Ariel Scharon verlässt den Likud, den er 1973 mit aufgebaut hat.

Wegen des Gaza-Abzugs haben sich viele Likudniks von ihm abgewandt. Die Partei ist gespalten. Um seine Politik fortzusetzen, gründet Scharon eine neue Partei. ›Kadima‹ heißt sie, ›Vorwärts‹. Aber in welche Richtung?

Einer seiner Berater hat der New York Times das wahre Motiv verraten: »Wir wollen im Nahen Osten nicht mehr als jüdischer Staat akzeptiert werden. Wir wollen mit der Mauer den Palästinensern den Rücken kehren und nie mehr mit ihnen zu tun haben.« Die Hoffnung? Sie ist in Israel und Palästina heute schwer zu finden.

Reisen durch Jerusalem

Das Wiener Kaffeehaus im Österreichischen Hospiz ist einer der angenehmsten und überraschendsten Orte in den engen Gassen der verwinkelten, geheimnisvollen Altstadt von Jerusalem. Ein Grund dafür ist die Kuchentheke, in der mitten im muslimischen Viertel Sachertorte, Apfelstrudel und Linzer Torte die Entscheidung darüber schwer machen, welchem Genuss man sich nun widmen soll, nachdem man so viel Beeindruckendes erlebt hat. Ein schillerndes Mosaik trägt man mit sich herum. Heisere Schreie arabischer Händler, die Obst und Gemüse, Unterhosen, frisches Brot oder halbe Lämmer verkaufen, Glockengeläut, Gebetsrufe, Motorenlärm der kleinen Trecker, die Waren bringen oder Pappkisten wegfahren. Eine Vielfalt von Geräuschen und Bildern herrscht in den Gassen, man taucht darin ein, läuft hindurch, ein paar Stationen die Via Dolorosa entlang, immer wieder gelockt von Souvenirverkäufern. Irgendwie hat man dann doch die Grabeskirche erreicht, eine düstere, verwinkelte Welt für sich. Erkunden kann man sie endlos, wer sie aber verstehen will, wird scheitern. Fromme Pilger küssen die steinerne Bahre hinter dem Eingangsportal, dort soll Jesus gesalbt worden sein; ein paar Meter weiter, immer dem Gewühl nach, steht man plötzlich in dem Grab von Jesus, wird aber zischend zur Eile gedrängt von einem griechisch-orthodoxen Mönch, der das Grab bewacht. Vielleicht steigt man anschließend in die Zisterne hinab, in die man von einem koptischen Mönch gelassen wird, nachdem man über das Parkettimitat aus Kunststoff in der dunklen äthiopischen Kapelle gelaufen ist. Wieder hinaus, wieder durch die Gassen, bis man vor der Klagemauer steht, vielleicht darüber verwundert, wie klein dieser wichtigste Ort des Judentums ist. Man hat sich eine weiße Pappkippa aufgesetzt, die einem ein leichtes Gefühl der Dazugehörigkeit verleiht, aber dann steht man doch etwas unsicher am Rande. Weiter geht es durch bunte Basargassen, Tücher in allen Farben hängen vor den vielen Läden. Zur Hälfte zerteilte Lammköpfe sind zu sehen, Innereien und halbe Rinder. Blutlachen bilden sich darunter – es gibt angenehmere Gerüche als die in den Gassen der Metzger. Gewürze sind zu kaufen und Blechtöpfe, und immer wieder Unterwäsche, Türme von süßen Backwaren erheben sich, die von Innen beleuchtet werden, und Bäuerinnen in palästinensischer Tracht sind zu sehen, die Minze und Salbei in dicken Büscheln vor sich liegen haben. Ist man früh genug unterwegs, wird man auf das Plateau des Felsendoms gelassen (dazu muss man vor neun Uhr dort sein) und hat die Gelegenheit, die goldfarbene Kuppel und die vielen bunten Fliesen aus nächster Nähe zu betrachten, mit denen der achteckige Bau verziert ist. Dort steht man und wundert sich, wie still es auf diesem riesigen Platz ist, der so heiß begehrt wird von Juden und Moslems. Genau an der Stelle, über der sich die Kuppel des Doms an ihrem höchsten Punkt mit dem Halbmond geschmückt gen Himmel streckt, genau dort soll Abraham den Altar gebaut haben, um seinen Sohn Isaak zu opfern. Als unter König Salomon der erste Tempel gebaut wurde, war dieser Felsen der Ort, an dem die Bundeslade aufbewahrt wurde, was ihn für gläubige Juden immer noch zu dem Ort höchster Sehnsucht macht. Zweimal wurde der jüdische Tempel zerstört, zuletzt im Jahre 70 unter der Herrschaft des römischen Kaisers Titus. Und als die Omayyaden 638 über Jerusalem herrschten, bauten sie über dem Felsen den Dom. Denn nach muslimischer Tradition ist es der Ort, der Mohammeds Pferd al Burak gewissermaßen als Startrampe diente, um den Propheten in den Himmel zu bringen.

Wer nach all diesen Eindrücken nun also vor der Kuchentheke des Österreichischen Hospizes steht, der ist schon ziemlich weit gekommen. Man muss das von hohen Mauern umgebene Gebäude in der Nähe des Damaskus-Tores erst einmal finden, und wo ist überhaupt die Eingangstüre? Meistens sitzt jemand auf den paar Stufen davor, Kinder, israelische Polizisten; ein alter Mann steht daneben und grillt Fleischspieße, leere Pappkartons stapeln sich, bis sie abends abgeholt werden. Klingelt man, dann springt leise surrend die Tür zu noch einer anderen Welt auf. Österreich, mitten in Jerusalem. Im Aufgang grüßt die Mutter Gottes aus einer Wandnische, hinter der schweren Holztüre die gediegene Welt eines – Klosters, am ehesten. »Grüß Gott!« heißt es an der Rezeption, links in der Sitzecke liegen zerlesene österreichische Kirchenzeitschriften, eine Standuhr zählt die Stunden; rechts den breiten Flur entlang gelangt man zur barocken Hauskapelle, in die andere Richtung, wie um Balance zu halten, zur sehr weltlichen Kaffeestube. In Zeiten der Intifada stand das Haus kurz vor der Schließung, es kam ja niemand mehr, aber Sachertorte hat es immer gegeben.

Ein Ort zum Nachdenken ist das. Zum Ausruhen und Sacken-Lassen. Dazu ein Stück Strudel oder Torte ist vielleicht nicht schlecht, etwas Vertrautes, um dem Fremden umso stärker nachzuspüren. So vieles hat man gesehen, gerochen, gehört, geschmeckt, aber das ist eben nur das, was man sehen, riechen, hören, schmecken kann in der Altstadt von Jerusalem.

Was verbirgt sich darunter? Was liegt hinter den hellen Mauern dieser Stadt? Vielleicht taucht die Frage auf, wie das Leben ist in diesem Teil Jerusalems, der so sehr beansprucht wird.

Einer, der es wissen muss, weil er dort lebt, sagt: »Um ehrlich zu sein: schrecklich.« Sein Name ist Jussef, seinem Vater gehört ein Haushaltswarenladen, eines jener Geschäfte, die man so gar nicht vermutet im Schatten der Grabeskirche. Duschschläuche, Stöpsel für Waschbecken, Schrauben, Beschläge. Jussef hilft dort aus, ein paar Häuser weiter wohnt die Familie. Warum ist es so schrecklich? »Weil es so eng ist, nicht nur in den Häusern, sondern vor allem in den Köpfen.« Und angespannt fühle er sich immer. Angespannt, die Stimmung ist aufgeladen. Das hört man oft, wenn man mit Leuten aus der Altstadt spricht. Der farbenfrohe Trubel, das Jerusalem aus den Reiseführern, an der Oberfläche mag es so sein. Dringt man tiefer, dann verschwindet das ganz schnell. Ein harter Kampf wird ausgefochten in dieser Stadt, es geht um Präsenz. Juden kämpfen gegen Araber, Araber gegen Juden.

Nur eine kleine Episode, eine Beobachtung vom Garten des Lutherischen Gästehauses aus, das an der Schnittstelle steht von christlichem, muslimischem, jüdischem und armenischem Viertel. Von dort aus kann man auf das Dach gucken, das den Suk überwölbt, die Marktgassen des muslimischen Viertels. Gruppen versammeln sich oft auf dem Dach, um einen Überblick über die Stadt zu bekommen. Man sieht alle Kirchen, man sieht den Felsendom, man erahnt im Gewirr aus Satellitenschüsseln und Antennen die Klagemauer, der Blick geht bis zum Ölberg. Auf dem Dach saß eine Gruppe ultraorthodoxer Juden, erkennbar an den breitkrempigen schwarzen Hüten, einer stand davor und deutete mit weit ausholenden Armen über die Stadt. Noch weiter hinter ihm ließen arabische Jungen einen Drachen steigen. Was für ein friedliches Bild. Fast zu schön, bei so viel Hass. Ein Fotomotiv, wie gestellt für eine Werbekampagne zur Verständigung zwischen den Völkern. Die Gruppe erhob sich dann und ging, vielleicht zur Klagemauer. Übrig blieben die Kinder mit dem Drachen. Eine Ungeschicklichkeit nur, und das bunte Papierdreieck ging zu Boden. Einem jüdischen Jungen desselben Alters vor die Füße. Der nahm den Drachen und brach das Gestänge über dem Oberschenkel entzwei, schmiss die Überreste weg und machte sich davon. Die Reaktion des arabischen Jungen: hin zu den Stangen, um den anderen damit zu schlagen. Der hatte sich längst in Sicherheit gebracht; feixend stand er hinter einem Wachmann, der schwer bewaffnet in einem Glaskasten auf dem Dach sitzt und mehrere jüdische Familien bewacht, die mitten im muslimischen Viertel wohnen.

Eine Episode, zufällig beobachtet. Eine normale Keilerei zwischen Kindern? Nicht in Jerusalem, wo der Kampf ums Terrain so tief verwurzelt ist. Wer dort Besitz hat, hat Macht im politischen Kampf um das Land, das Juden und Araber für sich reklamieren. Seit 1967, dem Jahr der Eroberung der Altstadt durch Israel, scheinen die Araber in die Defensive geraten zu sein. Sie befürchten, um es mit ihren Worten zu sagen, eine »Judaisierung der Altstadt«, die völkerrechtlich als besetzt gilt und eines Tages Hauptstadt eines Staates Palästina sein soll. Längst aber ist die scharfe Trennung in die einzelnen Viertel aufgeweicht, wohnen Juden nicht nur im jüdischen Viertel, sondern mehr und mehr auch im christlichen und arabischen Teil der Stadt. Sie zeigen Präsenz durch die israelische Flagge oder riesige siebenarmige Leuchter auf den Häusern. Und im Sommer 2005, als der Abzug aus den 25 Siedlungen bevorstand, sah man auch in den Gassen des muslimischen Viertels die orangefarbenen Protestplakate gegen den Abzug an den Häusern.

Es gibt Organisationen, die tatsächlich dafür sorgen wollen, dass die Jerusalemer Altstadt ganz in jüdischen Besitz gelangt. Ateret Conahim heißt eine dieser Gruppen. Seit dem Krieg von 1967 kauft sie Immobilien im christlichen und muslimischen Viertel. Dutzende Gebäude hat sie bislang erworben, die Geschäfte laufen über Hintermänner und Scheinfirmen, weil es Palästinensern streng verboten ist, an Juden zu verkaufen. Plötzlich wehen dann israelische Flaggen auf den Häusern, und wieder ist die Angst der Araber größer, dass sie ihre Stadt bald ganz verloren haben. Auch Premierminister Ariel Scharon soll vor Jahren eine Wohnung oder ein Haus mitten im muslimischen Viertel gekauft haben.

Zuletzt sorgte um Ostern 2005 ein Fall für Aufsehen, in den der Patriarch der griechisch-orthodoxen Kirche von Jerusalem, Irineos I., verwickelt war.

Die griechisch-orthodoxe Kirche ist die wohlhabendste Kirche in Israel, vor allem an wertvollen Immobilien und sehr viel Land. Überall gehört dem Patriarchat etwas, Teile Jerusalems zum Beispiel, so groß, dass der Staat Israel 1952 ein Stück Land pachten musste, um Platz für sein Parlamentsgebäude zu haben. Das Patriarchat besitzt Grundstücke in Nazareth, in Haifa, in Bethlehem und Ramallah. Die Rede ist von bis zu sechzig Prozent des gesamten Gebiets zwischen Mittelmeer und Jordan.

Die Griechen hatten einfach den besten Draht zu den Osmanen, die das Territorium seit 1517 beherrschten und nach dem Ersten Weltkrieg verloren. Die Griechen kauften und kauften und häuften so die Ländereien an. Das griechisch-orthodoxe Patriarchat ist ein kleines Königtum, denn über dem Patriarchen gibt es niemanden, jedenfalls nicht in dieser Welt. Als Emanuel Skopeliti wurde Irineos I. 1939 auf der Insel Samos geboren. Als 14-Jähriger kam er nach Jerusalem, wurde ausgebildet an der Schule des Patriarchats, einer Kaderschmiede für den Nachwuchs. Im August 2001 wurde Skopeliti der Herrscher im Patriarchatspalast in der Altstadt. Der 140. seit Bestehen der Institution im Jahre 451.

Ein Kirchenmann mit langem Bart und schwarzem Talar, zuständig für die griechisch-orthodoxen Christen in Israel, in den palästinensischen Gebieten und in Jordanien. Der israelischen Regierung galt er seit Amtsantritt als zu palästinenserfreundlich, und dann musste er sich plötzlich schwerste Vorwürfe von den Arabern machen lassen. Triumphierend hatte die israelische Boulevardzeitung Maariv zwei Häuser am Jaffa-Tor, dem Eingang zum christlichen Viertel der Altstadt, auf ihrer Titelseite als »Verkauft!« bezeichnet. Die Zeitung nannte als Verkäufer den Patriarchen und als Käufer eine jüdische Stiftung in den USA. Umgehend machten Gerüchte die Runde. Jeder Händler, den man fragte, wusste etwas. Der windige Finanzberater des Patriarchen habe den Verkauf eingefädelt und sei abgetaucht. Jemand meinte, er sei mit einer

Jüdin verheiratet und zum Judentum übergetreten. Kein Wunder, dass er dabei mithelfe, die Altstadt Haus für Haus in den Besitz der Juden zu bringen. Wieder einer wusste, der Patriarch sei schwul und sei sich mit dem Finanzmann nicht nur in finanziellen Dingen sehr nahe gekommen.

Irineos I. ließ eilig einen Brief drucken, in dem er versicherte, er habe nichts verkauft. An viele Mauern der Altstadt wurde das Schreiben geklebt, aber es half nichts mehr: Irineos I. galt allen Arabern als Verräter, nur noch mit Polizeischutz konnte er zum Gebet in die Grabeskirche gelangen. Jussef, der Sohn des Haushaltswarenhändlers, hatte sogar gehört, der Patriarch sei mit dem Tode bedroht worden, und er meinte: »Die Leute hier sind verrückt. Und Verrückte sind unberechenbar.«

Wochen später wurde Irineos I. von der heiligen Synode seiner Kirche aus dem Amt gedrängt, er selbst beharrte bis zum Schluss darauf, nichts aus dem Immobilienbesitz des Patriarchats verkauft zu haben. Bis heute ist der Fall ungeklärt, aber allein das Gerücht reichte aus, um die arabische Seele zwischen den Mauern der alten Stadt mal wieder kochen zu lassen.

Die einen kämpfen mit Drachen, die anderen mit Millionensummen um Jerusalem, und wenn man Danni Seideman glaubt, dann haben sie für ihr Vorhaben, Jerusalem in eine jüdische Stadt zu verwandeln, prominente und ebenso entschlossene Mitstreiter – Ariel Scharon und seine Regierung.

Seideman ist Rechtsanwalt und Gründer der israelischen Organisation ›Ir Amim‹. Der Name bedeutet Stadt der Nationen oder Stadt der Völker. Seideman und seine Mitstreiter, allesamt prominente israelische Wissenschaftler »und besorgte Bürger«, wie Seideman sagt, wollen diesen Prozess aufhalten. Sie haben es sich zur Aufgabe gemacht, Jerusalem als Stadt für Israelis und Araber, Juden, Muslime und Christen zu erhalten. Besonders um den Status des arabischen Teils der Stadt, um Ost-Jerusalem also, geht es ihnen.

Der droht ganz nach den Plänen der israelischen Regierung umgestaltet zu werden, bevor überhaupt darüber verhandelt wird – und das kann nichts Gutes bedeuten für die dort lebenden 230 000 Palästinenser.

Als Seideman im Sommer 2005 eine Zwischenbilanz zog, klang die jedenfalls ziemlich düster: »Die Scharon-Regierung versucht Ost-Jerusalem Israel und dem jüdischen Volk einzuverleiben und es unter israelische Souveränität zu stellen. Die Regierung tut das in einem Maße, wie es bislang noch keine Regierung zuvor gewagt hat«, schrieb Seideman.

Zum Beispiel der Verlauf der Sperranlage, die die israelische Regierung um das gesamte Westjordanland herum bauen lässt. Offiziell, um Terroristen abzuwehren, an vielen Stellen aber liegt der Verdacht nahe, die Anlage diene in erster Linie der Landnahme im großen Stil. Im Großraum von Jerusalem vergleicht Seideman die geplante (und zum Jahresende bereits weitgehend fertig gestellte) Route mit der Form eines Kleeblatts, dessen drei Blätter weit ins Westjordanland hineinreichen. »Israel annektiert de facto 164 Quadratkilometer des Landes nordwestlich, östlich und südwestlich von Jerusalem. Davon werden Zehntausende Palästinenser betroffen sein.« Für Ost-Jerusalem sieht Seideman nur eine Folge: Die palästinensische Stadt verliert ihr Hinterland, 230 000 Palästinenser in Ost-Jerusalem werden von ihrer gewachsenen palästinensischen Umgebung abgetrennt. Für Seideman ist der Verlauf nicht überraschend, sondern »ein weiterer Beleg für Scharons fundamentales Interesse: israelische Hegemonie für Groß-Jerusalem«.

Er verweist auf den Bau weiterer jüdischer Siedlungen auf palästinensischem Land um Jerusalem. Ma'aleh Adumim ist die derzeit größte Siedlung im Westjordanland, eine Stadt mit 35 000 Einwohnern, wenige Kilometer östlich von Jerusalem, das für Israelis über eine Autobahn in wenigen Minuten erreichbar ist. Noch ist freies, unbebautes Land zwischen den beiden Orten, aber längst existiert ein Plan, es zu bebauen. ›E 1‹ ist das Kürzel für die Baumaßnahme, die Ma'a-leh Adumim und Jerusalem miteinander verbinden soll. Wird ›E 1‹ umgesetzt, wäre das Westjordanland in zwei Teile getrennt. Für Palästinenser könnte es eine Unterführung geben, damit sie die israelische Landbrücke unterqueren können. Seideman zählt weitere Bauprojekte auf: Nahe dem Stadtteil Abu Dis, der jetzt schon durch eine neun Meter hohe Mauer von Jerusalem abgetrennt ist, entsteht die Siedlung Kidmat Zion; für den südlichen Stadtrand Jerusalems existieren Baupläne, die Ost-Jerusalem von seiner Schwesterstadt Bethlehem abtrennen werden. »Eine im Prinzip reversible Sicherheitsmaßnahme – der Trennzaun – wird durch diese Maßnahmen unumkehrbar gemacht, der politische Plan dahinter wird enthüllt«, sagt Seideman.

Seideman schrieb von Hauszerstörungen in Ost-Jerusalem – so vielen wie noch nie zuvor – und erinnerte zum Schluss seines Berichts an die Warnungen, die 2005 immer wieder vom israelischen Inlandsgeheimdienst, der Armee und der Regierung geäußert wurden. Die Sicherheitsexperten waren sich einig darüber, dass eine neue Runde des bewaffneten Kampfes zwischen Israelis und Palästinensern nur noch eine Frage der Zeit sei. Dazu schrieb Seideman, dass sich angesichts dessen, was in und um Jerusalem herum geschehe, die düsteren Prophezeiungen sicherlich bald selbst erfüllen würden.

Was Seideman auf zwei DIN A4-Seiten zusammengefasst hat, kann man in Ost-Jerusalem besichtigen. Dazu muss man sich auf eine Rundfahrt begeben, die in Viertel führt, die so gar nichts mehr mit dem zu tun haben, was man sonst mit Jerusalem verbindet. Das aufgeräumte, stets herausgeputzte West-Jerusalem mit den baumbestandenen Straßen, den Häusern aus hellem Stein, der immer aussieht, als sei er gerade erst sandgestrahlt worden? Weit weg. Die Einkaufsstraßen mit den Cafés, in denen wunderbare weiße Türme aus Milchschaum auf den Kaffee geschichtet werden? Nicht mehr zu sehen. Die Altstadt mit ihren Sehenswürdigkeiten, das Österreichische Hospiz mit seiner verlockenden Kuchentheke? Gar nicht weit weg, denn gleich hinter den Altstadtmauern beginnt es. Ost-Jerusalem, der vernachlässigte Teil der »ewigen und ungeteilten Hauptstadt des Staates Israel«. Die Straßen sind schlechter, die öffentlichen Busse rumpeliger, die Stadt sieht im Osten ärmer aus und schmutziger. Danni Seideman hat Ost-Jerusalem einmal mit einer Dritten Welt-Kommune verglichen, die unmittelbar an eine moderne Stadt grenze.

Meir Margalit, der ehemalige Stadtrat Jerusalems für die linke Partei Meretz, hat ein 42 Seiten starkes Dossier darüber zusammengestellt, wie diese seit der Eroberung 1967 und späteren Annektierung immer wieder beschworene Einheit Jerusalems aussieht, die 1980 per Gesetz von der Knesset beschlossen wurde. Einem Gesetz, das in der Realität allerdings nur für den jüdischen Bevölkerungsteil Jerusalems gilt, ob im nicht-besetzten, israelischen West-Jerusalem oder im besetzten Ost-Jerusalem, wo durch gezielte Ansiedlungspolitik inzwischen 150 000 jüdische Israelis wohnen. Einheit wird hergestellt, aber nicht für alle. Margalit hat seinem Dossier den Titel ›Chronische Diskriminierung in Ost-Jerusalem‹ gegeben und beschreibt das mit Zahlen des städtischen Haushalts. Trockenes Zahlenwerk? Vielleicht, aber ganz sicher mit sehr spürbaren Auswirkungen für den Alltag in diesem Stadtteil. Der Müll etwa, der täglich anfällt. Wohin damit? Margalit hat herausgefunden, dass in West-Jerusalem dafür 11 040 Müllcontainer stehen, das entspricht einem Container für 39 Menschen. In den arabischen Vierteln Ost-Jerusalems dagegen gibt es 655 Container, einen für jeweils 5641 Menschen. Ähnlich sieht es bei Müllfahrzeugen aus: 2371 sind in West-Jerusalem unterwegs, eines sammelt den Abfall von 185 Einwohnern; durch den Ostteil fahren 49 Fahrzeuge, eines für 4489 Einwohner. In viele Gegenden Ost-Jerusalems kommen die Wagen allerdings erst gar nicht, denn ganze Stadtviertel

liegen bereits hinter der Mauer. Dort kümmert sich die Stadtverwaltung der laut Gesetz ewigen und ungeteilten Stadt Jerusalem nicht mehr um die Müllentsorgung, Steuern zahlen
die Menschen dort aber, als würde einmal in der Woche der
Müll abgeholt.

Bewohner West-Jerusalems können sich in 39 öffentlichen
Bibliotheken Bücher ausleihen, in Ost-Jerusalem gibt es gerade
mal drei solcher Einrichtungen. Kinder werden schlechter me-
dizinisch versorgt, es wird weniger Geld für Straßen, Wasser-
leitungen und Parkanlagen ausgegeben, öffentliche Schwimm-
bäder oder Turnhallen wird man in Ost-Jerusalem vergeblich
suchen.

Bräche man also zu einer Rundfahrt auf durch dieses Jerusalem, um das sich Seideman sorgt, dessen politisches
Schicksal aus Zahlen spricht und das außer seinen Bewohnern niemand kennt, würde man vielleicht als erstes in Silwan landen. Weil es der Altstadt so nah liegt, dass es nur ein
paar Schritte sind. Man verlässt die Stadt nicht weit von der
Klagemauer durch ein Tor, das auf Arabisch den Namen dieses dahinter liegenden Stadtteils trägt, Bab Silwan heißt es.
Steil hinunter führt eine Straße dorthin, und dann ist man
schon mitten drin in dem anderen Jerusalem. Rechts und
links stehen Häuser eng an eng, kleine Einkaufsläden haben
vor ihren Schaufenstern bunte Waschmittelkartons so aufgestellt, dass sie wie Mosaiken aussehen, alte Männer sitzen auf
knarzigen Holzstühlen vor Kaffeestuben. Aber Silwan ist
längst schon kein Stadtteil mehr, der arabisch genannt werden kann, sondern einer, auf den alle die Probleme zutreffen,
die Seideman und Margalit aus Sorge um die Stadt zusammengefasst haben. Die Straße ist eng und holprig, über
einigen Häusern, die durch hohe Zäune geschützt werden,
wehen israelische Flaggen, also auch hier haben sich längst
jüdische Israelis angesiedelt.

Weiter hinunter führt die Straße in den Teil Silwans, der
Bustan genannt wird. Ein Tal, vollgestellt mit einfachen Häu-

sern, die aus Platznot immer wieder aufgestockt wurden. Fast sieht es aus, als seien sie aneinander gereiht und aufeinander gestapelt zu einer fragilen Konstruktion. Fiele eins um, würden die anderen mitgerissen. Ein Schaf blökt hinter einer Holztüre, was für den Moment sogar idyllisch wirkt, aber nur für einen Moment. Es stinkt nach Tier und nach Kloake in Bustan. Wasser ungeklärter Herkunft rinnt über die Straße aus rohem Beton, es ist düster in den engen Gassen, und man kann kaum glauben, dass man nur wenige Minuten Fußweg entfernt ist von der Altstadt und auch nicht sehr viel weiter von dem blank geputzten Westteil der Stadt.

Dieses Bustan geriet im Frühjahr 2005 in die Schlagzeilen, denn die Stadtregierung Jerusalems dachte über den Abriss von 88 Häusern nach. Das heißt, sie war schon viel weiter und schien den Abriss fest vorzuhaben. Bustan heißt nämlich Bustan nur auf Arabisch. In der Jerusalemer Stadtverwaltung, auf Hebräisch also, wird der Ort Tal der Könige genannt. Oben, wo die steile Straße hinter der Altstadtmauer beginnt, hat man die Davidsstadt hergerichtet, Ausgrabungen aus der Zeit des Königs David sollen die Vergangenheit Jerusalems als jüdische Stadt sichtbar machen. Weiter unten, wo die Menschen von Bustan in ihren einfachen Häusern leben, sind andere Überreste verborgen, die man am liebsten ausbuddeln und mit der Davidsstadt verbinden würde. »Dort liegen die Anfänge der Stadt Jerusalem«, zitierte die Tageszeitung Haaretz einen Vertreter der Stadtverwaltung namens Uri Schetrit. Gemeinsam mit der Davidsstadt bilde Silwan eine archäologische Einheit. »Die ganze Gegend ist von außergewöhnlicher historischer und landschaftlicher Bedeutung«, sagte Schetrit. Er erinnere sich daran, wie er dort vor 20 Jahren entlanggelaufen sei: »Dort waren Bäche und Gärten. Ich möchte zu diesem Zustand zurückkehren.« Und die Häuser? »Fast alle 88 Gebäude wurden illegal errichtet, außer vielleicht vier oder fünf Häuser am Rande des Viertels«, sagte Schetrit.

In einem Schreiben an die Bewohner hatte er ihnen bereits mitgeteilt, die Beseitigung aller illegal errichteten Gebäude sei angeordnet worden. Die Stadt sei entschlossen, der Missachtung geltender Gesetze mit aller Schärfe zu begegnen.

Aus seiner Sicht mochte Schetrit Recht haben, aus der israelischen Perspektive. Nach der Eroberung Ost-Jerusalems 1967 wurde der allergrößte Teil des unbebauten Landes auf dem Gebiet von Ost-Jerusalem seitens der Besatzer zu Grünflächen erklärt, auf denen jegliche Bautätigkeit verboten war. Nun stammen aber nur wenige der Häuser in Bustan aus der Zeit vor der Besatzung, die meisten wurden erst in den 1980er Jahren und später gebaut. Ohne Baugenehmigung von der Jerusalemer Stadtverwaltung, nach dem Verständnis der Bürger von Silwan auf ihrem privaten Land, nach dem Verständnis der Regierung aber eben auf öffentlichen Grünflächen. Würden diese 88 Häuser wirklich zerstört, wäre das die umfangreichste Abrissaktion seit der Beseitigung arabischer Wohnhäuser, die einst auf dem Platz standen, der sich heute vor der Klagemauer in der Jerusalemer Altstadt öffnet. Jeff Halper, der dem Israelischen Komitee gegen Hauszerstörungen vorsteht, glaubt, ein so großes Projekt, von dem 1000 Menschen betroffen wären, sei bestimmt nicht im Jerusalemer Rathaus entstanden: »Sehr wahrscheinlich stammt der Plan von oben, von Scharon oder hohen Regierungsbeamten. Sie mussten den Siedlern etwas geben in einer Zeit, als die Räumung der Siedlungen im Gaza-Streifen bevorstand«, vermutet Halper – »zum Beispiel ein neues jüdisches Viertel auf einem Filetgrundstück nahe der Altstadt, noch dazu mit einem archäologischen Park anstelle von palästinensischen Bewohnern.« Halper war früher Professor für Anthropologie an der Ben Gurion-Universität in Beer Schewa. 1998 gründete er das Komitee, nachdem unter der Regierung Benjamin Netanjahus die Zahl der Hauszerstörungen extrem zugenommen hatte. Halper, ein gemütlicher Typ mit dichtem grauen Vollbart, sieht die Bewohner von Bustan (und alle Araber in Ost-Jerusalem) in der deutlich schwächeren Position: Auf ihrem Land bauen dürfen sie nicht, nach West-Jerusalem ziehen ist ihnen auch nicht erlaubt, »es gibt kaum Platz für sie«, sagt er. Es sei denn, sie verlassen die Stadt und ziehen ins Westjordanland. Dann verlieren sie nach einiger Zeit ihre blauen Ausweise, die ihnen als Palästinenser das Recht geben, sich in Jerusalem aufzuhalten. Dagegen seien in den letzten Jahren 50 Häuser palästinensischer Familien in Silwan in jüdischen Besitz übergegangen, sagt Halper. Eine Organisation namens El Ad stecke dahinter. Entweder die Palästinenser würden herausgekauft oder einfach aus ihren Häusern geschmissen. »Trotz der ständigen Hauszerstörungen in Ost-Jerusalem haben Siedler jüngst ein siebenstöckiges Appartementhaus in Silwan errichtet.« Wenn man in Silwan steht, ist es nicht zu übersehen, am Hang ragt es in die Höhe, auf dem Dach weht eine riesige israelische Fahne. Halper: »Die Stadtverwaltung behauptet, von der Planung und der Bauphase nichts erfahren zu haben. Überflüssig zu erwähnen, dass für das Gebäude keine Abrissanordnung ausgestellt wurde.«

Meir Margalit, der Mann mit den Zahlen aus dem Jerusalemer Haushalt, sagt, die angekündigte Zerstörung der Häuser in Bustan sei »ein klarer Hinweis für die gezielte Judaisierung Jerusalems«. Man müsse alles zusammen betrachten, dann sehe man ein sehr dramatisches Bild, gemalt von der israelischen Regierung und den Siedlern: Bustan und die für illegal erklärten Häuser, dauernde Hauszerstörungen in Ost-Jerusalem, die Mauer, die Ost-Jerusalem von seinen arabischen Stadtteilen und Nachbarorten abschneidet, das alles, meint Margalit, sei »Teil eines nationalen Programms, das Leben der Palästinenser so unmöglich zu machen, bis sie Jerusalem verlassen. So einfach ist das.« Dabei hat er, der als Sohn argentinischer Juden nach Israel eingewandert ist, durchaus Verständnis für die Bedeutung der Davidsstadt und der anderen Reste jüdischen Lebens an diesem Ort. »Aber es kann doch heute nur darum gehen, wer hier lebt und nicht darum, wo

König David vor 3000 Jahren entlanggelaufen ist. Das ganze Land ist voll von Plätzen, an denen jüdische Geschichte begann. Das darf nicht der Grund dafür sein, den Menschen die Häuser zu zerstören«, sagt Margalit.

Es ist ein heißer Sommertag im Juli 2005, als sich die Bewohner von Bustan und einige Mitglieder der israelischen Friedensorganisation Ta'ajusch versammeln, um gegen die geplante Zerstörung der 88 Häuser zu demonstrieren. Die Idee ist, das Viertel lebenswerter zu machen, gerade weil dort bald die Abrissbirne schwingen soll. Verschönerung aus Trotz. An einer Stelle wollen sie einen Spielplatz anlegen, was eine gute Idee ist, denn es gibt nur zwei davon in Ost-Jerusalem. Sie wollen Müll sammeln und Bäume pflanzen. Die israelische Polizei hat drei schwer bewaffnete Männer mit verspiegelten Sonnenbrillen geschickt, die die israelisch-palästinensische Zusammenkunft misstrauisch beobachten.

Für Abed sind die Polizisten keine Unbekannten. Immer wieder hat er mit der Polizei zu tun, weil es oft Probleme mit den jüdischen Siedlern gibt, die ja längst in Silwan wohnen. Erst neulich, erzählt Abed, habe ihm ein Siedler ins Gesicht geschlagen, weil der Siedler meinte, Abeds Auto dürfe nicht dort stehen, wo er es abgestellt hatte. Abed sah das anders, sein Auto stand am Straßenrand auf einer Parkfläche, nur eben so, dass der Siedler keinen Platz für sein Auto fand. Sie begannen zu streiten, der Siedler schlug zu, dann kam die Polizei. Jetzt wartet Abed auf ein Gerichtsverfahren. Dass es gut für ihn ausgeht, erwartet er nicht.

Abed meint, dass schon 50 oder 60 jüdische Familien in Silwan leben. Eine auch neben dem Haus seiner Familie. »Wenn mein Sohn mit dem Ball spielt und der aufs Nachbargrundstück fällt, dann kann er ihn nicht holen, weil die Siedler ihn nicht auf ihr Grundstück lassen«, erzählt er. Abed sitzt im Schatten eines Sonnensegels, das für diesen Aktionstag zwischen zwei Häusern gespannt wurde (auf einer freien Fläche, auf der ein inzwischen zerstörtes Haus stand). Unter dem

Segel werden die Kinder betreut, sie können ihre Gesichter schminken lassen oder Bälle aus bunten Stoffresten basteln. Abed sagt: »So etwas hat es hier noch nie gegeben.« Achmed, sieben Jahre alt, spielt mit einem solchen Ball, sein Gesicht hat eine Frau von Ta'ajusch in das Gesicht eines Braunbären verwandelt. So läuft Achmed umher und freut sich. »Es hat einfach Spaß gemacht heute«, jauchzt er und wirft seinen Ball zu einem Mädchen, auf dessen Armen bunte Blumen aus Schminke blühen. Es sind eigenartige Bilder unter diesem Zelt zwischen den kleinen Häusern, Israelis und Palästinenser zusammen, Hebräisch und Arabisch durcheinander. Abed sagt: »Die Leute hier kennen nur Juden mit Waffen. Als vor zwei Monaten die ersten kamen, um uns in dieser Situation zu helfen, wollte sie erst niemand. Aber nach und nach ist allen hier klar geworden, dass es auch Vernünftige gibt.«

Die Männer und Frauen, die an diesem Tag zusammenarbeiten, haben am Nachmittag schon eine Menge geschafft. Der Müll ist weggeräumt, darunter ist die Wiese wieder als solche zu erkennen, ein Bach plätschert durch einen von Feldsteinen eingefassten Lauf, ein Baum ist gepflanzt. Für heute reicht es, aber ein bisschen gefeiert werden soll der Arbeitstag schon. David Schulman von Ta'ajusch steht neben dem etwas einsam wirkenden Baum. Er trägt einen Sonnenhut aus Stroh und ein grünes Hemd. Seine Hände sind schwarz von der Erde, in der er gebuddelt hat. Schulman ist Professor für Sanskrit an der Hebräischen Universität und hat eine kleine Rede vorbereitet. Die Bewohner von Silwan und die anderen Ta'ajusch-Leute hören zu, als er allen dankt und sagt, »dass wir niemals schweigen und der Stadtverwaltung niemals erlauben werden, eure Häuser zu zerstören«. Seine Schlussworte gehen in einen Chor über. »Silwan, Silwan, Silwan« rufen die Leute und klatschen dazu.

Weil es an dieser Stelle so gut passt und auch nicht weit weg ist von Bustan, könnte auf dieser anderen Rundfahrt durch Jerusalem das Haus von Fawsi Radwan Abu Sneineh die nächste Sehenswürdigkeit sein. Oder vielmehr das, was von dem Haus geblieben ist: nicht mehr als ein Trümmerberg.

Es passierte während einer Fahrt mit Jeff Halper durch Ost-Jerusalem, als das Haus niedergerissen wurde. Halper hatte zu der Tour eingeladen, um zu zeigen, wogegen er mit seinem Komitee gegen Hauszerstörungen kämpft. Das heißt, man weiß ja vorher nie, was man zu sehen bekommt. Es hätte gut sein können, dass Halper viel hätte erzählen müssen ohne viel zeigen zu können. So musste die Gruppe, die mit Halper unterwegs war, den israelischen Behörden eigentlich dankbar sein dafür, dass die Fahrt zu einem echten Erlebnis wurde – mit einer Hauszerstörung, die allerdings nur aus der Ferne beobachtet werden konnte, weil die israelische Polizei die Gegend um so ein Haus gewöhnlich weiträumig absperrt.

Gerade ist der Bus mit Halpers Gruppe auf der Jerusalem abgewandten Seite des Ölbergs angekommen, da lässt Halper seine Augen über das graue Häusermeer kreisen. Ein Kenner-blick, der mittendrin ein Haus entdeckt, das gerade noch steht. Jedenfalls deutet alles darauf hin. Halper lässt den Bus stoppen, und dann steht die Gruppe am Berghang, und unten im Tal sind Menschen zu sehen mit orangefarbenen Westen, die Möbel aus einem Haus nach draußen tragen. Ein ebenfalls orangefarbener Bagger steht schon bereit, sämtliche Zufahrt-straßen sind durch Militärjeeps blockiert, in der Gegend patrouillieren Soldaten, auf den umliegenden Häusern ste-hen die Nachbarn und können nichts anderes tun als zuzu-schauen. Die Männer in den orangefarbenen Westen sind meistens Gastarbeiter aus Thailand oder von den Philippinen, sagt Halper. Sie erledigen den Job im Auftrag der Regierung, die Hausbewohner oder deren Nachbarn dürfen das Haus nicht leer räumen. Meistens, meint Halper, sei zum Ausräu-men so wenig Zeit, das viele Sachen im Haus blieben, wenn der Bagger kommt und seine Schaufel hebt, um sie ins Haus zu treiben. Etwa 13 000 Häuser in Ost-Jerusalem sollen nach israelischen Maßstäben illegal sein, weil sie – wie in Bustan –

auf zu Grünflächen umdeklariertem Privatland erbaut worden sind. »Palästinenser in Ost-Jerusalem bekommen eine Baugenehmigung, wenn überhaupt, erst nach vielen Jahren und gegen hohe Geldsummen. Da sie mit ihren hohen Geburtenraten aber Platz brauchen, bauen sie nach mehreren vergeblichen Versuchen einfach so – auf ihrem Land, aber mit dem Wissen, dass das Haus quasi über Nacht beseitigt werden kann«, erklärt Halper.

So also ist es an diesem Tag auch den Abu Sneinehs passiert. Als das Haus nach wenigen Baggerschlägen in sich zusammenkracht, steigt eine Staubwolke auf. Als wäre das ein Signal dafür, dass die Aktion beendet ist, wird der Bagger auf einen Tieflader gefahren, die Patrouillen ziehen ab, aus der Nachbarschaft kommen die Leute zusammen. Ihr Treffpunkt ist der Trümmerhaufen. Ein paar Männer steigen schon darauf herum und ziehen daraus hervor, was sie glauben, retten zu können. Eisenstangen ragen in die Luft, ein Wassertank liegt zerbeult neben einer Satellitenschüssel. Einer findet eine Collage mit Fotos. Ein kleiner Junge ist darauf zu sehen, zwischen den Bildern steht »Razan – The Best« und »I love you«, daneben das Datum 4.9.2002. Razan ist Fawsis jüngster Sohn. An manchen Stellen geben Lücken den Blick frei in die unteren Schichten des Schuttberges. Dort ist das Wohnzimmersofa begraben, braune Holzreste eines Schrankes haben sich darüber gelegt, ein Kühlschrank zeigt, wo die Küche gewesen sein muss, ein weißes Kinderbett steht da. Neben den Trümmern sitzt Fawsis Frau Leila. Tränen rinnen ihr über die Wangen, sie schluchzt und schüttelt den Kopf. Ansprechbar ist sie nicht, wenig später wird sie zur Behandlung in ein Krankenhaus gebracht.

Fawsi erzählt die Geschichte der Zerstörung seines Hauses. Seine Frau war alleine mit vier der fünf Kinder im Haus, als es gegen neun Uhr morgens an der Tür klopfte. Da standen Soldaten mit Hunden. »Kommt alle raus, heute wird euer Haus zerstört«, hätten sie gesagt, und dass sie ihr 15 Minuten geben würden, um das Nötigste einzupacken. Leila hat als Erstes Fawsi angerufen. Der war frühmorgens aus dem Haus gegangen, er arbeitet in West-Jerusalem als LKW-Fahrer. Als sein Handy klingelte, transportierte er eine Ladung Baumaterial, ausgerechnet Baumaterial.

»Fawsi, du musst kommen, sie zerstören unser Haus‹, hat sie zu mir gesagt. Ich bin sofort zum Anwalt, gemeinsam sind wir zum Gericht, wir bekamen das Papier, mit dem der Abriss hätte gestoppt werden können«, erzählt Fawsi. Als er damit zu seinem Haus eilte, war es zu spät. Es stand nur noch zur Hälfte.

Nachdem seine Frau die Kinder aus ihren Betten geholt hatte, waren die paar Minuten schon fast vorbei. Schon kamen die Männer mit den orangefarbenen Westen und schleppten nach draußen, was sie packen konnten.

Neben den Trümmern liegen die Sachen herum. Regalbretter, braune Sofakissen, ein Ventilator, Stühle. Ein zusammengeraffter Teppich, eine grüne Plastikschale, darüber liegt die silberfarbene Stange eines Staubsaugers. Was man so greifen kann in wenigen Minuten.

Dann gab einer der Soldaten dem Baggerfahrer ein Zeichen, der Motor heulte auf, die Schaufel schlug zu, ein paar Mal, dann fiel das Haus zusammen. Fawsi stand dabei, und er sagt jetzt, sehr gefasst, dass er nicht weiß, wie es weitergehen soll. Seit Jahren hatte er sich um eine Baugenehmigung bemüht, nur nie eine bekommen. Sie hatten im selben Viertel eine Wohnung gemietet, aber die war zu klein geworden, als Razan geboren war. Außerdem lag sie im ersten Stock eines Hauses, und Radwan, der älteste Sohn, ist schwerbehindert. Zehn Jahre alt ist er, bei der Geburt kam es zu Komplikationen, Sauerstoffmangel. »Es war so mühsam, ihn und den Rollstuhl immer hoch und runter zu tragen«, sagt Fawsi. Bei seiner Familie und von Freunden lieh er sich Geld zusammen, 250 000 Schekel, 50 000 Euro etwa, um das einfache Haus zu bauen.

Die muss er noch zurückzahlen. Dann kam ein Brief der Stadtverwaltung, da wurde ihm vorgeworfen, er habe ohne Baugenehmigung gebaut. 85 000 Schekel Strafe wurden festgelegt, das entspricht 17 000 Euro, zahlbar in Raten zu 1000 Schekel im Monat. Ein Behördenbrief, kühl und trocken formuliert, für Fawsi die erste Tragödie. Die fünf Kinder, die Schulden, so viel verdient er nicht in seinem Beruf, 2700 Schekel. Bislang reichte das gerade mal, 16 000 Schekel von den 85 000 hat er sogar schon abbezahlt, dafür sollte er am Ende die Baugenehmigung nachträglich bekommen. Auch deshalb versteht er nicht, warum der Bagger jetzt zugeschlagen hat. Aber man sollte nicht glauben, dass er nun von dem Rest befreit ist. Sein Haus steht nicht mehr, zahlen muss er weiter, bis die Schuld beglichen ist für das Bauen ohne Erlaubnis. »Und die Arbeiter, die die Sachen aus dem Haus getragen haben, sowie den Abriss muss er wahrscheinlich auch noch bezahlen«, sagt Jeff Halper.

Es ist Nachmittag geworden in diesem Teil von Jerusalem, der hinter dem Ölberg liegt, unsichtbar von dem bekannten Jerusalem, weit weg. Fawsis Frau ist in der Klinik, die Kinder sind bei den Großeltern im nahen Flüchtlingslager Schuafat. Dass auch sie, die Enkel von Flüchtlingen aus dem 1948er-Krieg, heute ihr Haus und ihr Land verloren haben, das hätte niemand gedacht. Zwar stand das Haus auf der Liste des Innenministeriums, das in diesem Falle zuständig war, aber es gehört dazu, dass man nie weiß, wann das eigene Haus an der Reihe ist – und man sich so lange in Sicherheit wiegt. Jeff Halper sagt, er habe den Eindruck, es werde nach dem Zufallsprinzip ausgewählt. Einen Brief wollen die Soldaten vor zwei Wochen an Fawsis Haustüre geklemmt haben, mit der Ankündigung, dass sie bald kommen würden, um das Haus zu zerstören. So haben sie es seinem Vater gesagt, als der einen von ihnen fragte an diesem Morgen.

Diesen Brief, sagt Fawsi, habe er nie gesehen. Nun liegt sein Haus in Trümmern, inzwischen ist Radwan, der älteste

Sohn, aus der Betreuungseinrichtung für behinderte Kinder zurück, in die Fawsi ihn am frühen Morgen gebracht hatte. Radwan kann nicht sprechen, im Rollstuhl wird er über das Gelände geschoben und getragen. Man fragt sich, was der Junge jetzt denkt. Am Morgen war da noch das Haus, jetzt liegen da diese Gesteinsbrocken, daneben die Möbel. Die Mutter ist weg, die Geschwister sind nirgends zu sehen, der Vater steht ratlos herum. Später wird der Junge von seinem Onkel abgeholt, da soll er vorerst bleiben. Fawsi sagt, er wisse noch nicht, was er, seine Frau und die vier Kinder jetzt machen: »Vielleicht schlagen wir hier ein Zelt auf«, überlegt er. Es ist ja sein Land. Will er zeigen, dass er nicht gehen will? Nein, er hat einfach keine andere Wahl. Bei den Eltern ist kein Platz, auch nicht bei seinen Geschwistern, etwas mieten können sie nicht, dazu fehlt das Geld.

Dann kommt ein Lastwagen, da laden sie die Sachen drauf, die übrig geblieben sind. Irgendjemand hat eine Kammer, da sollen sie hingebracht werden. Ein Nachbar sagt, er bewundere Fawsi für seine Stärke. »Ich wäre schon längst zusammengebrochen, wenn mir das passiert wäre.« Ein anderer sagt, Fawsi müsse es sehr schlecht gehen, »er weint nur nicht, weil arabische Männer nicht weinen«. Und dann ist da einer, der sagt, er habe oft überlegt, wie sich Palästinenser bloß in Bussen oder Cafés in die Luft sprengen können. »Ich habe das nie verstanden. Ich glaube, das hier könnte die Antwort sein.«

Jeff Halper hat inzwischen erfahren, dass die Abu Sneinehs nicht die einzigen waren, die an diesem Tag ihr Haus verloren haben. In Beit Hanina, einem benachbarten Stadtteil, seien noch vier Häuser zerstört worden. Das Innenministerium kündigt am Tag darauf an, per E-Mail zu erklären, warum das Haus der Abu Sneinehs abgerissen wurde, obwohl Fawsi bereit war, die Geldstrafe zu zahlen. Doch die E-Mail kommt nicht.

Zum Schluss dieser Entdeckungsfahrt durch Ost-Jerusalem böte sich noch ein Besuch bei Ziad al Hammouri an.

Der hat freundliche Augen mit lustigen Lachfalten drum herum und sein Mund unter dem sauber geschnittenen Schnauzbart lächelt oft. Ein optimistischer Typ, aber ein ebenso entschlossener Kämpfer für seine Stadt wie es Jeff Halper, Meir Margalit und Danni Seideman sind. Mit dem Unterschied, dass al Hammouri nicht nur Kämpfer ist, sondern zugleich zu den Betroffenen zählt. Al Hammouri ist Gründer und Direktor des ›Zentrums für soziale und wirtschaftliche Rechte‹ in Ost-Jerusalem. Er sitzt in seinem Büro, das in einem alten Haus mit verzierter Fassade untergebracht ist. Es liegt in einer Seitenstraße der Salaheddin-Straße in Ost-Jerusalem, der wichtigsten Einkaufsstraße.

Sein Ziel ist Gerechtigkeit für sich und den Rest der arabischen Bevölkerung Jerusalems. Denn gerecht, das lernt man, wenn man durch den Ostteil der Stadt fährt, geht es nicht zu. Mit seiner Organisation versucht al Hammouri den Menschen zu helfen, die unter den Bedingungen leiden, die das Leben in einer besetzten Stadt so schwer machen. Da es das Amt eines Bürgermeisters von Ost-Jerusalem nicht mehr gibt (abgeschafft von der israelischen Regierung, weil Jerusalem ja eine Stadt sein soll), könnte man al Hammouri als inoffiziellen Bürgermeister bezeichnen. Auf jeden Fall ist er einer, der sich kümmert und einsetzt für seine Mitbürger.

Sein Büro mit Wänden aus hellem Jerusalem-Stein und Türen aus hellem Holz wirkt durchaus repräsentabel oder eben bürgermeisterhaft, auch wenn das Blumenbouquet so künstlich ist, dass selbst die Wassertröpfchen aus Plastik sind, die Frische vorgaukeln sollen. In der Rundbogen-Nische hinter seinem Chefsessel hängt ein Stich vom Felsendom, sein Schreibtisch ist überladen. Al Hammouri hat viel zu tun.

Mit seiner Organisation bietet er Rechtsberatung und Hilfe vor Gericht an für Palästinenser, deren Haus zerstört wurde, deren Personalausweis eingezogen wurde oder deren Land konfisziert werden soll. Das kommt allerdings immer seltener vor, »denn es ist ja kaum noch etwas übrig, was konfisziert werden kann«, sagt al Hammouri. Er streitet dafür, dass Familien vereinigt werden, deren einer Teil in Ost-Jerusalem und deren anderer Teil im Westjordanland wohnt. Es ist so kompliziert, mit was er sich beschäftigt: Heiratet zum Beispiel ein Palästinenser aus Ost-Jerusalem eine Palästinenserin aus dem nächsten Ort, der bereits im Westjordanland liegt, dann darf die Frau nicht in Ost-Jerusalem leben. Zieht der Mann zu ihr, droht er sein Aufenthaltsrecht in Ost-Jerusalem zu verlieren.

Dass al Hammouri selbst Betroffener ist, das spürt er in vielen Momenten: Er gehört zu denen, deren Müll nie abgeholt wird, obwohl er auch für solche städtischen Aufgaben Steuern zahlt. Er bekommt auch keine Post zugestellt, weil er in einer Gegend des Stadtteils Beit Hanina wohnt, in den die israelische Post Briefe und Pakete nur bis zu einem Lebensmittelladen bringt, wo sie von den Empfängern abgeholt werden können. Dabei hat al Hammouri noch Glück gehabt: Die Mauer, die Israel um Jerusalem herum bauen lässt, schiebt sich so durch seinen Stadtteil, dass er auf der israelischen Seite wohnt. Dadurch hat er zumindest freie Fahrt zwischen seinem Haus und dem Sitz seiner Organisation in der Nähe der Altstadt. Durch den ständig überlasteten Kalandija-Checkpoint muss er sich nicht quälen. »Zu Bekannten, zu Geschäften oder Ärzten im nun dahinter liegenden Teil von Beit Hanina dagegen kann ich nicht mehr so einfach gehen«, sagt er. Dann muss er durch den Checkpoint. Wartezeit: mitunter mehrere Stunden.

Wer hinter der Mauer wohnt, verwaltungsmäßig aber noch zu Jerusalem zählt, der wird, das fürchtet al Hammouri, bald sein Aufenthaltsrecht verlieren. »Wenn die Mauer fertig ist, werden sich 120 000 Palästinenser nicht mehr frei zwischen ihrem Wohnort und zum Beispiel der Altstadt bewegen können. Es ist nur eine Frage der Zeit, bis sie dann auch noch ihre blauen Personalausweise verlieren.« Die dienen als Nachweis für Palästinenser aus Jerusalem, dass sie dort wohnen oder Aufenthaltsrecht besitzen. Werden die Ausweise konfisziert, ist es damit vorbei. Dann werden sie an den Checkpoints zurückgewiesen. Ein Recht, nach Jerusalem zu gehen, haben sie dann nicht mehr.

Es ist der Sommer 2005, kurz bevor die ersten jüdischen Siedlungen im Gaza-Streifen geräumt wurden, da sagt Ziad al Hammouri: »Die ganze Welt schaut auf Gaza, und wir verlieren jeden Tag ein Stück von Jerusalem.« Er hat das Gefühl, dass sich niemand mehr für das Schicksal der Stadt interessiere – und die israelische Regierung also im Stillen vollendete Tatsachen schafft. »Sie arbeiten daran, bauen neue Siedlungen, zerstören Häuser und machen uns das Leben hier schwer.« Dabei ist der Fall Jerusalem eine der Fragen, die erst abschließend geklärt werden sollen, wenn Israelis und Palästinenser in die so genannten Endstatusverhandlungen eintreten. Was aber, wenn bis dahin durch gezielte Ansiedlungen und ebenso gezielte Aussperrungen der Charakter der Stadt bereits so stark verändert ist, dass es gar nicht mehr viel zu klären gibt? Wenn Israel sein Ziel erreicht hat, Jerusalem zur ungeteilten Hauptstadt des jüdischen Staates zu machen? Wenn es kein palästinensisches Jerusalem mehr gibt? Ziad al Hammouri meint, darauf laufe alles hinaus, das könne man täglich sehen. »Die Israelis sagen: Was unser ist, ist unser. Und was euer ist, ist auch unser.« Später sagt er es noch einmal, mit anderen Worten: »Sie wollen uns hier nicht.«

Und trotzdem, er lächelt, er rollt mit den Augen und reißt sie auf, wenn er spricht, und sieht dabei immer sehr fröhlich aus. »Der Druck ist nicht leicht zu ertragen«, erklärt er, »aber wir Palästinenser haben Kraft und einen starken Willen«, das ist es, was ihn trotz allem optimistisch macht und immer noch lächeln lässt.

Vielleicht liegt das an diesem Tag auch daran, dass er sich mal wieder über einen Erfolg seiner Arbeit freuen kann. Die Nachricht darüber ist heute morgen durch das Faxgerät ins Haus gekommen. Surrend sprang es an, heraus schob sich ein Schreiben vom israelischen Innenministerium. Darin stand, dass für Hanan Erekat aus Jerusalem ein blauer Jerusalem-Personalausweis ausgestellt werde.

Seit sechs Jahren wartet sie darauf, seit sechs Jahren hält sie sich also illegal auf in der Stadt, in der sie geboren wurde und einen Großteil ihres Lebens verbracht hat. Al Hammouris ›Zentrum für soziale und wirtschaftliche Rechte‹ hat Erekat den Anwalt besorgt und sie in dem Gerichtsverfahren unterstützt. Sie hatte geklagt, weil das Innenministerium ihr den Ausweis immer wieder verweigert hatte.

Weil es wirklich ein Grund zur Freude ist, dass wenigstens einer dieser Fälle abgeschlossen ist, will al Hammouri Frau Erekat die Nachricht selbst überbringen. Wieder geht die Fahrt zur anderen Seite des Ölbergs, Erekat wohnt mit vier ihrer fünf Kinder in einer der namenlosen Straßen (die auf israelischen Stadtplänen gar nicht auftauchen), vor dem Eingang zu dem Mehrfamilienhaus steht ein Aprikosenbaum, der wichtig für die Wegbeschreibung ist, weil es auch keine Hausnummern gibt.

Hanan Erekat empfängt in einem Zimmer, das bis auf eine abgewetzte braune Couchgarnitur, einen üppige Farn, ein Arafat-Portrait und ein Bild ihres vor vier Jahren verstorbenen Mannes leer ist. Als al Hammouri ihr die Nachricht überbringt, dass sie nun schon bald ihren Ausweis zurückbekommt, schlägt sie die Hände vors Gesicht und sagt erst einmal nichts. Dann hört man, wie sie tief einatmet. Dann lächelt sie und bittet eine ihrer Töchter, Saft aus den guten Gläsern zu bringen. Die Gläser sind wuchtig, der Saft ist zuckersüß, und Hanan Erekat ist froh, denn eine lange Zeit geht zu Ende, in der sie sich unsicher gefühlt hat, sobald sie in den Straßen ihrer Stadt unterwegs war. Hätte die israelische Polizei sie erwischt, dann hätte sie sofort abgeschoben werden können ins Westjordanland.

Hanan Erekat, geboren 1958, heiratete 1979 einen Mann aus Jericho. Dort wohnte sie von da an auch, noch war es kein Problem, zwischen beiden Städten hin und her zu fahren. Das wurde erst problematisch, als Mitte der neunziger Jahre der in Oslo begonnene Friedensprozess gestoppt wurde. 1999, als ihr Mann schon schwer krank war, zogen die Erekats mit den fünf Kindern zurück nach Jerusalem, auch wegen der besseren medizinischen Versorgung dort. Als Hanan Erekats Personalausweis ungültig wurde, bekam sie keinen mehr ausgestellt. Die Begründung: Wer so lange weg gewesen ist, habe darauf keinen Anspruch mehr. Seitdem kämpfte sie für ihr Recht, und dass heute der Tag ist, an dem dieser Kampf zu Ende ist, das kann sie nicht glauben. »Erst, wenn ich den Ausweis in den Händen halte«, sagt sie. Gestern noch habe der älteste Sohn gesagt, sie solle auf den Ausweis verzichten und zurück nach Jericho gehen. »Ich habe ihm gesagt, er solle nicht nervös werden, irgendwann werde die Entscheidung kommen und mit Allahs Hilfe gut sein«.

Was für ein Leben sie in den Jahren geführt hat, man kann es nur erahnen, wenn sie von ihren Erlebnissen erzählt. In den ersten Jahren fuhr sie immer mal wieder nach Jericho, natürlich, dort hatte sie seit 1979 gelebt, dort wohnt die Familie des Mannes. Manchmal hatte sie Glück, und die Soldaten an den Kontrollposten winkten sie durch. Angst hatte sie trotzdem. Hin und wieder zeigte sie den ungültigen Ausweis, hoffend, niemand würde auf das Datum achten. Einmal ging es schief. Da wurde sie mehrere Stunden festgehalten, aber irgendwie gelang es ihr, sich rauszureden. Manchmal nahm sie den Ausweis ihrer Jerusalemer Nachbarin. Frauen mit Kopftuch, das hilft mitunter. Die letzten Jahre, als die Kontrollen und die Sanktionen schärfer wurden, ging sie kaum noch weg, nicht mal mehr aus ihrem Viertel. Die Gefahr war zu groß geworden.

Das wird jetzt alles anders, sagt sie. Auch für ihre Kinder. Drei von ihnen studieren an der Al Quds-Universität. Jerusalems palästinensische Universität, die hinter der Mauer liegt, frei zugänglich also nur noch für die, die nicht in dem von Israel definierten Jerusalem wohnen. Bislang waren Hanan Erekats Kinder in ihrem ungültigen Ausweis registriert, sie selbst besaßen nur den grünen palästinensischen Personalausweis, mit dem sie sich in Jerusalem nicht aufhalten dürfen. Nach dem Gerichtsbeschluss im Fall Erekat gegen das Innenministerium sollen sie ihre eigenen Jerusalem-Personalausweise bekommen. Damit können auch sie sich frei bewegen in ihrer Stadt, hin zur Uni und zurück, ohne Angst, wenn sie kontrolliert werden.

Wie haben sie es denn bisher gemacht? Jeden Tag zur Uni, ohne erwischt zu werden?

»Es gibt viele Wege durch die Mauer«, sagt eine. Mal zeigten sie eine wertlose Versicherungskarte, die wirkte aber nur bei ahnungslosen Soldaten. Dann gibt es Durchschlupfe in der Mauer, da kann man sich hindurchzwängen, allerdings mit grünem Ausweis nur, wenn auf der anderen Seite keine Soldaten stehen. »Dann mussten wir warten«, sagt die andere.

Das ist nun vorbei. Bald wird der erste Tag kommen, an dem die Töchter von Hanan Erekat ganz ruhig sein können, wenn jemand ihren Ausweis sehen will.

Das also ist Ost-Jerusalem. Eine Stadt, in der man erstaunliche Geschichten erleben kann. Manchmal muss man, wie Jeff Halper, nur die Augen etwas offen halten und genau hinsehen. Manchmal erzählen einem die Leute auch Dinge, die man nicht für möglich gehalten hätte. Anders ist diese Stadt, die nach israelischem Verständnis Teil eines Jerusalems ist, in das sich aber kein Israeli als Zivilist verirrt, und die am Jerusalem-Tag, wenn die Vereinigung der Stadt durch den Krieg 1967 gefeiert wird, abgesperrt wird, weil die Palästinenser natürlich keinen Grund zum Feiern haben. Man muss nur die bekannte Welt der Altstadt verlassen, dann ist man mittendrin in diesem ganz anderen Jerusalem.

Ausgesperrt

Es fängt schon mit dem Namen an. Wie soll man den Gegenstand bloß nennen, um den es hier geht? Die einen sprechen von dem Sicherheitszaun, die anderen sagen die Apartheid-Mauer. Dazwischen ist viel Platz, beide Namensgebungen sind Positionierungen.

Um die 700 Kilometer wird das Bauwerk am Ende lang sein. Aus einer Menge Draht, zu undurchdringlichen Zäunen verflochten, und ziemlich viel Beton, zu Mauerteilen gegossen. Es Sicherheitszaun zu nennen, ist die israelische Sichtweise. Das Bauwerk soll Sicherheit schaffen, und das heißt: Schutz vor Terroristen. Das jedenfalls ist die wieder und wieder und noch einmal wiederholte offizielle Version derjenigen, die sich den Bau der Anlage ausgedacht haben. Es klingt auch einleuchtend: Israel ist ein schmales Land, zwischen das Mittelmeer und feindliche Araber gezwängt, es muss geschützt werden. Das steht außer Frage. Terroristen mit Sprengstoffgürteln kommen zumeist per Auto oder zu Fuß, das sind Erfahrungswerte, also baut man etwas, das ihnen den Weg versperrt. Damit niemand darüber schießen kann, wurde das Bauwerk an den Stellen, an denen diese Gefahr drohen könnte, aus massivem Beton gegossen, bis zu neun Meter hoch.

Das ist aber eben nur die eine Sichtweise. Von der anderen aus heißt das Bauwerk Apartheid-Mauer. Das wäre dann die palästinensische Namensgebung. Ein anderer Akzent. Dahinter stehen verschiedene Vorwürfe und Befürchtungen. Einmal: Dieses Bauwerk wird keinen wild entschlossenen Terroristen (und das sind Terroristen, die sich in die Luft sprengen wollen) davon abhalten, hinüber zu gelangen. Und können neun Meter Höhe wirklich Schüsse verhindern? Granaten? Raketen? Also sagen viele Palästinenser, dass es in Wahrheit doch gar nicht um Sicherheit gehe, sondern um Landraub. Warum sonst verläuft das Bauwerk jenseits der Linie, die 1948 die Linie des Waffenstillstandes war, fragen sie sich. Der Linie, die auf allen international gültigen Landkarten einge- zeichnet ist und markiert, wo Israel aufhört und palästinen- sisches Land beginnt. Tief ins Westjordanland hinein schnei- det die Anlage, trennt Bauern von ihren Feldern, Familien von ihren Olivenbäumen, Väter und Mütter von Söhnen und Töch- tern, Brüder von Schwestern, Freunde von einander. Und eben nicht fein säuberlich Israelis von Palästinensern. Zer- schneidet Strukturen und Beziehungen, die in Jahrhunderten oder länger gewachsen sind. Die Vermutung ist: Das Bauwerk soll etwas vorwegnehmen, was Israelis und Palästinenser eigentlich erst besprechen müssen – nämlich die Grenze, die zwei Staaten dauerhaft trennen soll, damit sie in Frieden als Nachbarn nebeneinander leben können.

Der Bau soll Sicherheit schaffen? Da haben die Palästinen- ser ihre Zweifel. Apartheid? Wir doch nicht, sagen die Israelis. Nicht alle reden so, aber viele. Vor allem die, die den Verlauf des Bauwerks geplant haben.

Man will nicht parteiisch sein. Was aber schreibt man nun, wenn man über das Bauwerk berichten will?

Einfach Mauer? Das ist falsch, zumindest aber verkürzend, weil es eine Mauer wirklich nur an wenigen Stellen ist. Da hat Gideon Meir schon recht. Meir, der redegewandte und stets freundliche Öffentlichkeitsbearbeiter aus dem israelischen Außenministerium, der den Redefluss seines Gegenübers so- fort unterbricht, wenn der verallgemeinernd »Mauer« sagt. »Eine Mauer«, stellt Meir dann klar, »ist sie nur an ganz weni- gen Stellen«, worauf der Gegenüber weiterreden darf. Zwar ist es in allen Fällen eine hohe, nackte, hässliche Mauer, die sich, zum Beispiel in Jerusalem, monströs zwischen die Häu- ser schiebt, aber eben nur zu einem geringen Teil eine Mauer.

Zaun? Passt auch nicht, weil es dem Bauwerk nicht gerecht wird. Zaun. Schafft das nicht die Assoziation von Gartenzaun, Jägerzaun, Maschendrahtzaun?

Das klingt, soviel Parteilichkeit dann doch, zu harmlos. Denn da, wo das Bauwerk Zaun ist, ist es ein 50 Meter breiter Streifen, auf dem mehrere Zäune parallel zueinander verlaufen, dazwischen erstrecken sich eine Patrouillenstraße für die Armee und eine glatt geharkte Sandpiste, damit Spuren bleiben, wenn jemand dort entlang läuft, dahinter ist ein Graben ausgehoben, Natodraht ist ausgelegt und überall sind Kameras, Mikrophone und Berührungsmelder. Ein Zaun ist etwas anderes.

Mitunter hat sich, im Bemühen um Überparteilichkeit, der Begriff ›Sperranlage‹ zwar nicht durchgesetzt, aber er wird doch recht oft gebraucht. Vielleicht beschreibt ›Sperranlage‹ dieses Bauwerk am besten. Es soll wegsperren, nämlich Terroristen. Wenn es auch Zweifel daran gibt, dass das funktioniert. Es sperrt aus, nämlich Menschen, die ein legitimes Interesse und Bedürfnis haben, auf die andere Seite zu gelangen. Zum Beispiel weil sie dort Land besitzen und es bewirtschaften wollen. Und es ist eine Anlage, also von Menschen angelegt, um ein bestimmtes Ziel zu erreichen. Anlage, das passt auch deshalb gut, weil es so technisch und künstlich klingt, wie es dieses Bauwerk nun einmal ist. Es ignoriert soziale, kulturelle und (allerdings noch zu verhandelnde) politische Grenzen, und es ist ein technisch ausgereiftes Bauwerk, ausgestattet mit allen Versiertheiten der Überwachungstechnik. Wo Berge im Weg waren, wurde der Felsen mitunter einfach weggefräst. Wo Häuser stehen, schlägt es Kurven und sieht aus wie eine riesige Skulptur, die einen festgehaltenen Slalom darstellen soll, geformt aus Draht oder Beton.

Nennen wir dieses Bauwerk also Sperranlage.

Wenn sie fertig ist, wird sich eine über 700 Kilometer lange Schneise durch das Land ziehen. Mal sieht man sie als graues Band, das sich einen Berg hinaufschlängelt. Grau ist die Farbe der aneinander gereihten Mauerteile. Mal sieht man sie aus der Ferne als weißes Band. Weiß ist der steinige Boden des Westjordanlandes, der wie eine lange Wunde überall da hervortritt, wo das Erdreich für die Zäune aufgerissen wurde.

Die Sperranlage hat das Land verändert, das Leben der Menschen, vor allem das der Palästinenser. Denn um sie geht es ja, um sie fernzuhalten. Nicht alle von ihnen, aber einige. Die Sperranlage aber filtert nicht, also blieb den Menschen nichts anderes übrig, als damit zu leben. Der Alltag ist ein anderer geworden. Einer mit der Sperranlage. Ein monströses Bauwerk, das nach einem Urteil des Internationalen Gerichtshofs in Den Haag abgerissen werden sollte, weil es auf ganzer Länge gegen die Menschenwürde verstößt.

Geschichten von Menschen und dem Leben mit der Sperranlage.

* * *

Hani Amer wohnt in einem Gefängnis. Aber immerhin, man hat ihm den Schlüssel für die einzige Tür gegeben. Da kann er durchgehen, genauso wie seine Frau und seine acht Kinder. Wenn jemand die Familie Amer besuchen will, dann muss er, wenn er die Tür erreicht hat, laut rufen. Wenn das im Haus jemand hört, wird meistens einer der Söhne geschickt und sperrt sie auf. Die Tür führt nicht direkt in das Haus der Amers, sondern in den Garten oder das, was davon übrig geblieben ist. Das Haus steht mittendrin, und es ist die absurdeste Wohnlage, die jemand haben kann, dessen Leben die Mauer geändert hat.

Die Amers wohnen in Mas'cha, einem palästinensischen Dorf im nördlichen Westjordanland. Sie wohnen am westlichen Rand des Dorfes, ihr Haus stand dort lange allein, umgeben von ihrem Land, auf dem Hani eine Gärtnerei betrieb. Dann kam die Mauer, acht Meter hoch und grau. Sie wurde ihnen direkt vor das Haus gebaut. So, dass sie zwischen ihrem Haus und dem Dorf steht. Auf dem schmalen Stück zwischen der Mauer und dem Haus wurde die Straße geteert, die die israelische Armee als Straße für ihre Patrouillen benutzt. Damit die Amers nicht einen freien Zugang auf diese Straße haben, wurden auf beide Seiten Tore gebaut, vielleicht zehn, zwanzig Meter vom Haus entfernt. Wenn die Soldaten mit ihren Jeeps kommen, schließen sie die Tore auf, wenn sie durchgefahren sind, versperren sie sie wieder. Das sind schon drei Hindernisse, die die kleine Welt der Familie Amer von drei Seiten umgeben. Aber es ist noch nicht alles. Denn auf der anderen Seite, westlich des Hauses, grenzt das Grundstück der Amers an die jüdische Siedlung Elkana. Zwischen dem Haus und der Siedlung steht ein hoher Zaun.

Das also ist das Gefängnis der Amers. Ein kleines Stück Land, viereckig, vielleicht 30 mal 30 Meter groß, von allen vier Seiten verschlossen. Zugänglich nur über die schmale Tür, für die die Amers den Schlüssel haben. Immerhin.

Hühner picken im Dreck, ein Esel steht angepflockt vor dem flachen Haus und macht ein Gesicht, als frage er sich auch manchmal, wo er hier eigentlich lebt. Neben dem Esel parkt ein Eselkarren, als Sitzfläche dient ein altes Bügelbrett. Hani Amer steht im Türrahmen seines Hauses. Er trägt ein fleckiges Unterhemd und eine Jogginghose. Er sagt, man solle schnell ins Haus kommen. Er wisse nicht, was passieren könne, wenn einer zu lange draußen steht, vor allem, wenn er nicht zur Familie gehört. Es wird alles von Kameras überwacht, bloß nicht provozieren. Also geht man ins Haus, sinkt in ein weiches Sofa und sitzt ihm gegenüber. Ein Sohn bringt Tee, und Hani Amer erzählt. »Vor drei Jahren fing alles an. Eines Tages kam eine Gruppe Soldaten zu mir«, sagt er. Einer von ihnen, der Ranghöchste, das sah Amer an den Schulterklappen, breitete ein großes Papier aus. »Er sagte, dass zwischen Mas'cha und Elkana bald die Mauer gebaut werde.« Amer sah auf den Plan. Er erkannte sein Grundstück, darauf sein Haus. Direkt daneben die ersten Häuser von Elkana.

Dazwischen ein Streifen, der die Mauer markierte. Und sein Haus und sein Land? Darüber müssen wir mit Ihnen reden, habe der Soldat gesagt. Als sie geredet hatten, war Hani Amer klar, dass sich sein Leben und das seiner Familie bald sehr stark verändern würde. Sein Haus, zumindest ein Teil seines Grundstücks mit der Gärtnerei, war im Weg. Zunächst hieß es wenigstens, dass die Amers nicht isoliert sein würden von ihrem Dorf. Die Mauer sollte ja hinter dem Haus entlanglaufen. Aber dagegen protestierten die Siedler. Sie wollten aus ihren Fenstern nicht direkt auf den nackten Beton sehen. Also kam es so, wie es heute ist: Die Amers kamen ins Gefängnis.

»Hani, wie war das Leben, bevor die Mauer kam?«

»Sehr gut«, antwortet er, »ich war ein Geschäftsmann. Ich habe gut verdient. Heute habe ich keinen Schekel mehr in der Tasche.« Sein Haus lag an einer wichtigen West-Ost-Straße, die die dicht besiedelte israelische Küstenebene mit den Orten im Westjordanland verband. Viele Autos fuhren jeden Tag an seiner Gärtnerei vorbei, viele hielten und kauften bei ihm Blumen und Topfpflanzen. Als die zweite Intifada im September 2000 begann, kam ein Bulldozer und schob Erde und Steine zusammen, um die Straße zu blockieren. Seitdem war es vorbei mit dem Kundenverkehr. Dann wurde die Mauer gebaut, damit wurde alles noch schlimmer.

Hani Amer zeigt auf ein Regal mit blauen Karaffen und Gläsern, wie sie in Hebron hergestellt werden. Auch solche Sachen verkaufte er.

»Kamen auch die Siedler aus Elkana?«

»Die auch. Ganz Israel kaufte bei mir. Bis nach Europa wurden meine Pflanzen verschickt.« Heute, sagt er, schmeißen die Nachbarn aus der Siedlung manchmal Steine, wenn jemand aus seiner Familie im Garten ist. Einmal haben sie die Sonnenkollektoren auf dem Dach getroffen. »Ich habe auch mehrmals gehört, wie sie schlecht über den Propheten Mohammed geredet haben.«

Amer, 48, schickt einen seiner Söhne, er soll das Fotoalbum bringen. Fotos von früher, aus Vor-Mauer-Zeiten. Man sieht Hani Amer, wie er mit einem Schlauch seine Blumen gießt. Mittendrin steht er und lächelt, das Blumenfeld ist nicht klein, größer als das Grundstück heute. Man sieht Leute, die in einem Gewächshaus stehen und sich Pflanzen aussuchen. »Das war hier. Vor dem Haus. Mein Geschäft, bevor die Mauer kam«, sagt er und blättert selbst noch einmal durch das Album.

Als die Mauerteile vor seinem Haus nebeneinander standen, als der Zaun hinter seinem Haus gezogen war und sich die Tore zur Patrouillenstraße geschlossen hatten, war die Gärtnerei längst nur noch auf den alten Fotos zu sehen. Einen Großteil von Hani Amers Land hat die israelische Armee genommen, um die Sperranlage aufzubauen. »Am Anfang war es noch viel schlimmer als jetzt«, sagt Amer. Eine Woche war die Tür zu seinem Grundstück verschlossen. Die Armee hatte es zum militärischen Sperrgebiet erklärt. Niemand außer den Familienmitgliedern durfte zu den Amers. Seitdem sie den Schlüssel haben, ist es besser. »Jetzt kann ich wenigstens entscheiden, wer kommen darf.«

Nicht immer. In einer Nacht kamen Soldaten. »Mitten im Winter, alle im Haus schliefen. Sie sagten, sie suchen jemanden. Wir mussten raus, es regnete und war kalt. Nach einer Stunde etwa durften wir wieder rein. Jedes Zimmer hatten sie durchgewühlt.«

Ein anderes Mal kamen sie am Tag. Es war der 4. August 2004. Hani Amer hatte sich etwas für sein Grundstück überlegt. Es war zu klein geworden für die Blumenzucht, also baute er einen Hühnerstall. »Sie haben ihn zerstört. Alles haben sie zerstört. Sie wollen nicht, dass ich hier lebe und arbeite.« Er schimpft nicht. Er sagt das alles ganz ruhig.

Spürt er Hass?

»Ich hasse die Juden nicht«, antwortet er, »ich will hier einfach nur leben, aber sie lassen mich nicht. Warum lassen sie mich nicht?« Er zuckt mit den Schultern.

Aber ist so ein Leben nicht unerträglich, ist es da nicht klar, dass man zu hassen beginnt?

Für Hani Amer ist es so: Er hat sein Leben lang schwer gearbeitet, bis er das Geld zusammenhatte, um seiner Familie dieses Haus zu bauen. 1973 war das, eine Siedlung namens Elkana gab es damals noch nicht. Die kam erst 1986, »erbaut auf dem Land unseres Dorfes«, sagt Amer. Die Grüne Linie, die die Grenze zwischen Israel und dem Westjordanland markiert, ist gut fünf Kilometer weit weg. Da dachte Hani Amer, jetzt werde er wieder zum Flüchtling. So wie seine Großeltern 1948 zu Flüchtlingen wurden, als der israelisch-arabische Krieg ausbrach. Sie lebten in Kfar Qassam, einer Stadt im heutigen Israel. 1948 kamen sie nach Mas'cha. Fast 40 Jahre später sah es aus, als müssten ihre Nachfahren nun auch weiterziehen.

Dass die Amers all die Jahre geblieben sind, trotz der Siedlung und trotz der Mauer, die ihr geschrumpftes Grundstück zu einem Gefängnis gemacht haben, dass ist das Einzige, was er den Israelis entgegensetzen kann. Dass er ausharrt und nicht das tut, was sie von ihm erzwingen wollen. Widerstand gegen die, die ihn vertreiben wollen von seinem Land – und nach all den Jahren immer noch so stark zu sein, vielleicht ist das sogar ein kleiner Triumph.

* * *

Von seinem Nachbarn Abu Hilal, den er früher fast täglich getroffen hat, sieht Hassan Ayad jetzt nichts mehr. Nur noch den Wassertank auf dessen Haus. Schwarz lugt er gerade noch über den oberen Rand der Mauer, die sich zwischen den Häusern der beiden einen Berg hinaufschlängelt. Hassan Ayad wohnt mit seiner Frau Yussra und einem Sohn und einer Tochter in Ras el Amud, einem Viertel von Ost-Jerusalem. Auf der anderen Seite der Mauer liegt Abu Dis, aber eigentlich ist das alles eins. Bis 1967 gehörte Abu Dis zum jordanischen

Ost-Jerusalem. Nach dem 1967er-Krieg wurde es von der israelischen Regierung, deren Armee Ost-Jerusalem erobert hatte, ausgemeindet. Für die Menschen, die dort lebten, änderte sich aber nichts. Für sie blieb Abu Dis ein Teil von Al Quds, wie Jerusalem auf Arabisch heißt, die Heilige. Man sieht es auch an den Häusern. Gäbe es die Mauer nicht, würde die Bebauung nahtlos ineinander übergehen, Ras el Amud und Abu Dis, Abu Dis und Ras el Amud. Man kennt das von Berlin, wo auf der einen Straßenseite der West-Bezirk Wedding und auf der anderen Straßenseite der Ost-Bezirk Mitte war. Die künstliche Trennung von 1967, die Ausgemeindung von Abu Dis, hat eine Situation geschaffen, die für die Menschen dort erst mit dem Bau der Mauer an dieser Stelle tief in ihr Leben eingriff. Oder besonders hoch, denn dort ist die Mauer 9 Meter hoch, so hoch ist sie nirgendwo sonst. Die Häuser stehen hier eng an eng, dazwischen windet sich der graue Wurm durch die Straßen, steigt knapp an einer Moschee vorbei einen Hang hoch, wendet sich nach links, kurz danach nach rechts, malt ein großes S und verschwindet hinter der nächsten Hügelkuppe. Es dürfte der meistfotografierte Abschnitt der gesamten Sperranlage sein. Dort entstand auch das Bild auf dem Umschlag für dieses Buch. Viel hat er dazu beigetragen, dass immer von »der Mauer« geredet wird, wenn es um den Bau geht. Die Mauer in Ost-Jerusalem ist zum Symbol geworden, weil sie dort besonders monströs wirkt. Und auch weil sie dort besonders absurd erscheint. Denn es ist zugleich die Stelle, an der am offensichtlichsten nicht Palästinenser von Israelis, sondern Palästinenser von Palästinensern getrennt werden. So wie Hassan Ayad und sein Nachbar Abu Hilal, die sich nicht mehr so einfach besuchen können. Erklären konnte allerdings noch niemand, warum die Palästinenser auf der westlichen, der – wenn man so will – nun israelischen Seite der Mauer besser oder ungefährlicher sein sollen als die Palästinenser auf der östlichen, also der jetzt palästinensischen Seite der Mauer.

Wer Hassan Ayad besucht, der wird freundlich empfangen. Vielleicht sogar in der jeweiligen Landessprache des Besuchers, weil Ayad 20 Jahre im Notre-Dame-Gästehaus als Kellner gearbeitet und ein paar Brocken verschiedener Sprachen aufgeschnappt hat. »Ich kann Deutsch und Französisch. Hallo, wie geht's, ça va bien«, sagt er und schiebt lächelnd ein japanisches »Arigato« hinterher. Seit vier Jahren ist er beim Roten Kreuz, dort kocht er Tee und Kaffee für die Angestellten und putzt, »3000 Schekel bekomme ich im Monat, Dank sei Gott.« Dann stellt er graue Plastikstühle zu der grünen Bank auf den Platz vor dem Haus, und man hat die Mauer direkt vor der Nase. Er macht das nicht absichtlich, es geht nur nicht anders, denn die Mauer ist überall vor seinem Haus. Ayad serviert Tee und süßen Saft, und wenn Yussra, seine Frau, noch etwas vom Abendessen übrig hat, dann stellt sie einem das hin. Man sollte es nicht verweigern. Das wäre einerseits unhöflich, andererseits würde einem echte palästinensische Kochkunst entgehen.

Seit 30 Jahren sind die beiden verheiratet, und in ihrer Partnerschaft setzt sich fort, was die Mauer versucht zu trennen: Yussra, 50, stammt aus Ras el Amud, Hassan, 57, aus Abu Dis. Zwei Kinder haben sie; Ibrahim wird Rechtsanwalt, »Inscha'allah«, sagt Yussra, also »So Gott will«, im nächsten Jahr. Salam, die Tochter mit dem schönen Namen Frieden, arbeitet in Abu Dis in einer Bank. Sie muss also jeden Arbeitstag von der einen auf die andere Seite der Mauer und abends wieder zurück.

Im Sommer 2003 wurde bei den Ayads vor der Terrasse mit dem Bau der Mauer begonnen. Sie haben das mit der Kamera festgehalten, in einem Umschlag bewahrt Yussra die Bilder auf. Man sieht einen Tieflader, der die langen, schlanken Betonteile bringt. Einige von ihnen stehen schon. Ein riesiger Kran, der so groß ist, dass er nicht ganz auf das Foto passt, stellt weitere daneben. Auf einem anderen Bild steht Yussra vor einem der Mauerelemente, ganz klein und unsicher lächelnd. Es ist eher ein Zweifel, der ihr über das Gesicht huscht. Als frage sie sich, ob es überhaupt etwas zu Lächeln gibt. Dann sieht man auf dem nächsten Foto, wie die Häuser der Nachbarn langsam hinter der Betonwand verschwinden.

Was hat die Mauer hier angerichtet? Sie hat den Ayads den freien Blick genommen, das sieht man, wenn man auf der Terrasse sitzt. Und täglich versucht die Mauer aufs Neue, in ihr Leben einzugreifen, ihnen die Wege in die Welt abzuschnüren, die bislang ihre war. Die Ayads wiederum unternehmen alles, damit es auch weiterhin ihre Welt bleibt. Ihre Welt heißt Abu Dis, der ausgemeindete und von Jerusalem abgeschnittene Ort auf der anderen Mauerseite also.

»Meine vier Schwestern leben dort, mein Onkel, meine Cousins und Cousinen. Ich habe eine große Familie, sie alle leben dort«, sagt Hassan Ayad. Früher ging er fast täglich hin, es war ganz einfach. Nur die Straße entlang, die es jetzt nicht mehr gibt, »zu Fuß keine fünf Minuten«. Ein Pläuschchen mit Abu Hilal, dem Nachbarn mit dem gerade noch sichtbaren Wassertank auf dem Dach, ein Glas Tee bei den Verwandten. Yussra Ayad sagt: »Dort war auch der Laden, in dem wir einkauften. Der Gasmann kam aus Abu Dis, jetzt geht das alles nicht mehr.« Jetzt müssen sie einen weiten Weg machen, wenn sie rüber wollen, mehr als eine Stunde für eine Strecke, um schließlich an einen Ort zu gelangen, der nur ein paar hundert Meter von ihrem Haus entfernt ist. Dann gehen sie die Mauer entlang, bis sie zu einem Durchlass kommen. Manchmal stehen dort israelische Grenzpolizisten und kontrollieren, manchmal nicht. Auf der anderen Seite warten Sammeltaxen, für drei Schekel fahren sie bis ins Zentrum von Abu Dis, von da müssen die Ayads noch eine halbe Stunde laufen. Natürlich gehen sie jetzt seltener nach Abu Dis als früher, das also hat die Mauer schon erreicht. Aber sie können es sich nicht vorstellen, dort irgendwann gar nicht mehr hinzugehen, auch wenn es inzwischen ziemlich beschwerlich ist.

Es geht auch einfacher und schneller, aber dazu muss man schon so klein und schlank sein wie Salam, die 22-jährige Tochter. An einer Stelle weiter oben, näher am Haus der Familie, fehlt ein Mauerelement. Stattdessen sind dort wuchtige Betonblöcke aufeinander gestapelt, die an einer Stelle einen dreieckigen Spalt offen lassen. »Ich passe da nicht durch«, sagt der Vater. Für die Tochter ist der Spalt der tägliche Durchschlupf, wenn sie morgens zur Arbeit geht. Die Mutter, die auch nicht durchpassen würde, begleitet Salam, weil sie Angst hat, dass Soldaten der Tochter etwas tun könnten. An dem Spalt verabschieden sie sich voneinander, Salam kriecht zwischen den Blöcken durch, die Mutter geht zurück nach Hause. Am Nachmittag wird sie dort warten, bis Salam ihren Kopf wieder durchgesteckt und den Körper hinterhergezogen hat. Den Spalt hat Salam einem nahen Verwandten zu verdanken: Auf dem Gelände steht das Cliff-Hotel, das einem Cousin Hassan Ayads gehört. Es wurde »für militärische Zwecke« vom Verteidigungsministerium beschlagnahmt. Die Mauer soll mitten über das Grundstück gezogen werden. Dagegen hat Ayads Cousin geklagt. Solange das Gericht nicht entschieden hat, wird die Mauerlücke bleiben.

Es ist dunkel geworden. Für einen kurzen Moment, als die Sonne tief am Himmel stand, hat sie die Mauer in warme Farben getaucht. Was das Licht so ausmachen kann.

Was das Licht so ausmachen kann, das denkt man dann auch wenig später, als die kurze Dämmerung vorüber und es eigentlich schon dunkle Nacht geworden ist. Helle Strahler von rechts tauchen die Umgebung in kaltes, weißes Licht. Die Nachbarn schicken es herüber.

Ein einsames Haus am Hang. Vorbote einer Zukunft, die für die Ayads noch ungemütlicher werden könnte. Nachbarn, die nicht erwünscht sind, weil sie als Eindringlinge angesehen werden. »Da wohnen zwei jüdische Familien«, sagt Hassan Ayad, seit einem Jahr ungefähr. Auf dem Dach weht eine israelische Flagge, daneben steht ein weißer Kasten, darin sitzt ein Wachmann, der alle acht Stunden ausgetauscht wird. Das haben die Ayads beobachtet. Der Wachmann und die grellen Schweinwerfer dienen der Sicherheit, denn die Nachbarn haben Angst. Sie betrachten die Umgebung als feindlich, denn noch sind sie die einzigen Juden, die sich auf dem kargen Hang angesiedelt haben, der sich bis hinunter ins Kidron-Tal zieht.

Palästinenser, denen das Land gehörte, wurden nach der Eroberung der Stadt 1967 enteignet. Bauen dürfen sie dort nicht. Jüdische Israelis dagegen sind willkommen. Das Haus in der Nachbarschaft der Ayads ist das erste eines Bauprojekts, das in Zukunft eine weitere jüdische Siedlung im Ostteil Jerusalems schaffen soll. Besitzer des Landes ist der in Florida lebende nationalreligiöse Jude Irving Moskowitz. Seit 1969 hat er Grundstücke in Ost-Jerusalem gekauft. »In dieser Stadt baut die jüdische Nation«, hat er einmal gesagt. Ihm werden gute Beziehungen zu Ariel Scharon nachgesagt. Der Hügel, auf dem das erste Haus wie ein Platzhalter steht, wird schon Moskowitz-Hügel genannt.

Die Ayads, so sieht es aus, fügen sich in ihr Schicksal.

Salam fragt: »Was können wir tun?« – und es klingt, als fühle sie sich wirklich so machtlos. Sie wird weiter durch den Spalt in der Mauer kriechen, bis er geschlossen wird. Dann wird sie einen anderen Weg finden. Ihre Mutter sagt: »Mit der Mauer gibt es keinen Frieden, ohne Frieden gibt es keine Hoffnung. Nur Gott kann uns helfen.« Dann sagt ihr Mann: »Die Palästinenser warten auf morgen.«

Aber wenn man sich vor ihrem Haus umguckt, dann hat man Zweifel, ob es morgen besser wird.

***

Danni Tirza ist der Mann, der die Palästinenser eingemauert und eingezäunt hat. Er würde das selbst genau so sagen. Er hatte einfach keine andere Wahl, als die Sperranlage übers Land zu legen. Auch wenn er immer wieder betont, dass er sehr viele palästinensische Freunde hat, und stolz erzählt, dass Jassir Arafat ihn sogar fast freundschaftlich Abu Charita, Vater der Landkarten, nannte, was allerdings ein lustiges Wortspiel des PLO-Chefs war, denn lässt man das I in Charita weg, heißt es Lüge.

Danni Tirza, Vater von fünf Kindern, der auf die 60 zugeht, stellt sich als »Oberst, seit kurzem a. D.« vor. Im Zentralkommando der israelischen Armee aber ist er weiterhin zuständig für die Planung »des Zauns«, wie er sagt. An allen israelisch-palästinensischen Verhandlungen in den 90er Jahren, als es nach Frieden in Nahost aussah, war er beteiligt. Immer ging es um Landkarten, um Grenzverläufe und Straßen, dafür war er der Fachmann. Aus dem Frieden wurde nichts, stattdessen wurde alles viel, viel schlimmer. Die Idee kam auf, eine Mauer ums Westjordanland zu bauen. Es gab nur einen, der die Planung übernehmen konnte. Tirza, der Kartenexperte. »Ein einmaliger Job«, sagt er. »Ich habe direkten Zugang zum Verteidigungsminister und zum Büro des Premierministers. Ich kann da einfach hingehen.« Nun wird er in Israel »Vater des Zauns« genannt. Niemand kennt die 700 Kilometer der Sperranlage so gut wie er.

Treffpunkt an der Obst-Kreuzung, einem leeren Parkplatz nahe der palästinensischen Stadt Kalkilija. Obst-Kreuzung wird sie immer noch genannt, weil jeder in der Gegend den Platz als Marktplatz kennt, auf dem palästinensische Bauern an Israelis Obst und Gemüse verkauft haben. Seitdem Kalkilija vor zwei Jahren eingemauert worden ist, gibt es den Markt nicht mehr.

Danni Tirza steuert einen schweren, dunklen Geländewagen mit leise surrender Klimaanlage. Ein Soldat sitzt auf der Rückbank, seine Maschinenpistole hat er auf dem Schoß abgelegt. Tirza will zeigen, warum die Sperranlage gebaut werden musste. Er will auch beweisen, dass sie niemandem Land nimmt oder das Leben einschränkt, wenn es nicht der übergeordneten Sicherheit Israels und seiner Bürger dient.

Ein schwierig zu führender Beweis, denkt man, während man mit Tirza von der Obst-Kreuzung abfährt. Dazu hat man zu vieles gesehen, was einem wie der Beweis des genauen Gegenteils vorkommt. Menschen, denen der Zaun Land genommen hat. Andere, denen die Mauer den Weg zu Verwandten und Freunden versperrt. Bauern, deren Ernte vergammelt, weil sie nicht mehr auf ihre Felder kommen. Palästinensische Exklaven, die durch die Sperranlage keinen freien Zugang zum restlichen Westjordanland haben. Jüdische Siedlungen, die mitten im Westjordanland liegen und bald durch die Sperranlage zum israelischen Kernland gehören. Nach Angaben der Vereinten Nationen laufen nur 15 Prozent der Sperranlage entlang der Grünen Linie, die Israel vom Westjordanland trennt. Die restlichen 85 Prozent sind auf palästinensischem Land errichtet.

Danni Tirza ist ein besonnener Mann. Alles, was er sagt, klingt sehr sachlich, aber nie kühl. Vielleicht liegt es daran, dass er es schon hunderte Male gesagt hat.

Er bemüht sich, klar zu machen, wie sinnvoll die Sperranlage ist. Und wie sehr er es vermieden hat, den Palästinensern unnötig zu schaden. Er weiß, wie schwer das ist. Er kennt die Zweifel. Auch er sagt: »Ich liebe den Zaun nicht, ich habe ihn mit harten Gefühlen gebaut. Aber wir hatten keine Wahl.«

Dafür hat er Argumente. Er spricht von über 1100 Israelis, die durch den Terror der zweiten Intifada seit September 2000 getötet wurden. »Im März 2002 allein hatten wir 139 Tote durch Terrorakte, wir nennen den Monat ›Blutiger März‹. Die Leute sagten: ›Tut endlich was, baut einen Zaun zwischen sie und uns‹«, sagt Tirza. Also wurde beschlossen, die Sperranlage um das gesamte Westjordanland zu legen. Nicht nur, wie ursprünglich geplant, im Norden und um Jerusalem und Bethlehem herum. Danni Tirza sagt, er habe bei der Planung der Route stets den Spagat machen müssen zwischen maximaler Verteidigung für die Israelis und einer möglichst geringen Belastung für das Alltagsleben der Palästinenser.

Aber was ist mit dem alten Mann in Kalkilija, dessen Land so zerschnitten ist von dem Zaun, dass er 10 Dunam, also einen Hektar, verloren hat? Seine Felder liegen auf der anderen Seite. Er hat aufgegeben, sie zu bewirtschaften, weil er nicht mehr so leicht hinkommt.

Tirza antwortet, der Mann habe kein Land verloren, nur weil es jetzt auf der anderen Seite der Sperranlage ist. »Er kann hingehen. Es gibt Tore, jedes Tor hat bestimmte Öffnungszeiten. Wenn er eine Erlaubnis hat, kann er durchgehen.« Er könne sogar nachts eine bestimmte Nummer anrufen, dann werde ihm geholfen, wenn er unbedingt auf sein Land müsse.

Der Mann, den wir kennen gelernt haben, sagte uns, das Tor sei fünf Kilometer weit weg. Wenn er auf sein Land hinter dem Zaun will, sind es also zehn Kilometer für einen Weg. Mit seinem Auto darf er nicht durch das Tor. Wie soll er Geräte mitnehmen oder die geernteten Früchte? Oft habe er auch vor dem Tor gestanden, da war es verschlossen, als es eigentlich geöffnet gewesen sein sollte.

Tirza sagt dazu, er könne sich gut vorstellen, dass auch auf dem Land dieses Mannes der Zaun aus Sicherheitsgründen so verlaufe, wie er verläuft. Die Sicherheit sei es nun einmal, die die Route vorgegeben habe. Wenn ein Mann darunter leide, dann müsse das in Kauf genommen werden. Auf die Frage, ob der Zaun nicht auch am Ende des Grundstückes des Mannes hätte gesetzt werden können, sagt Tirza, er habe mit 700 Kilometern Sperranlage zu tun, er könne jetzt nicht genau sagen, warum er sich dort für genau diese Route entschieden habe.

Sicherheit, meint Tirza, sei auch der Grund dafür, warum die Sperranlage teilweise so tief ins Westjordanland schneide, wodurch sie viel Land auf die israelische Seite nimmt. Auch Gegner der Anlage behaupten, sie hätten nichts gegen sie gehabt, wenn sie nur auf der Grünen Linie gebaut worden wäre. Man muss es ihm glauben, dass es nicht ging. Aus Sicherheitsgründen. Dahinter kann man so vieles verbergen. Weil es einen nicht beruhigt, sagt er, die Sperranlage sei doch sowieso eine temporäre Lösung für ein großes Problem. »Die finale Grenze wird in Verhandlungen festgelegt werden. Wir haben unser Land, sie werden ihr Land haben. Am Ende werden wir uns auf eine Linie dazwischen einigen.«

Auch das hat er offenbar schon oft gesagt, denn er schiebt noch einen Satz hinterher, der fast ein bisschen trotzig klingt: »Viele glauben mir nicht, dass der Zaun nur temporär ist. Aber es ist so.«

Er steuert den Wagen über die Straße 55, die die dicht besiedelte israelische Küstenebene mit dem Westjordanland verbindet. »Tausende Israelis nutzen diese Straße täglich.« Siedler, die im Großraum Tel Aviv arbeiten und am Nachmittag nach Hause fahren in ihre Orte im Westjordanland. »Wir mussten etwas tun, um die Straße zu schützen«, sagt Tirza. Die Straße führt zwischen den palästinensischen Orten Hable und Kalkilija entlang, die knapp hinter der Grünen Linie im Westjordanland liegen. Durch den Bau der Sperranlage war die Verbindungsstraße mehrere Monate lang blockiert. Wer vom kleineren Hable ins größere Kalkilija wollte, brauchte plötzlich nicht mehr fünf Minuten, sondern zwei Stunden, weil die Fahrt über die Dörfer ging. »Jetzt haben wir den Palästinensern eine unterirdische Straße gebaut. Der israelische Verkehr fährt darüber hinweg. Auf einem höheren Niveau«, berichtet Tirza. Ein Graben also stellt die Verbindung zwischen Hable und Kalkilija her. Einige Meter tief wurde er ins Land hineingefräst. An den senkrechten Seitenwänden sind die Schrammen der Baggerschaufel zu sehen. An mehreren Stellen sind Stahltore angebracht, die bei Bedarf geschlossen werden können. Zäune mit Berührungsmeldern sichern die Kanten des Grabens.

Man kann es so sehen wie Tirza, als Erleichterung für die Palästinenser. Aber komisch kommt einem die Straße trotzdem vor, die mit jederzeit verschließbaren Toren durch einen

Graben führt. Zumal sie ja erst gar nicht existierte und die viel benutzte Straße zwischen zwei Orten blockiert war.

Der Geländewagen überquert die Grabenstraße; Tirzas erstes Ziel auf dieser Fahrt ist die jüdische Siedlung Alfei Menasche.

Wie ein Vorposten liegt sie auf der Hügelkette des Westjordanlandes, die hinter der Küstenebene aufsteigt, drei Kilometer von der Grünen Linie entfernt. Ein blitzsauberer Ort, wie alle jüdischen Siedlungen auf palästinensischem Gebiet durch hohe Zäune gesichert. Tirza kennt den Wachmann am Stahltor, das in die Siedlung führt, weshalb er nicht anhalten muss. »Hier war ich oft, die ganze Regierung habe ich hier hergebracht«, erzählt er. Weil es einen Aussichtspunkt gibt, der Tirza gut gefällt. Auf einer ummauerten Plattform steht man, vor einem ist eine Landkarte gemalt mit Beschreibungen für jeden Ort, den man sieht. Man sieht viel, vor allem das, was Tirza zeigen will. Wie schmal Israel ist, also auch wie verwundbar. Der Oberst a. D. streckt den Arm aus und zeigt in Richtung Tel Aviv, dessen Hochhäuser klar zu erkennen sind. Das Münz-Fernrohr braucht man gar nicht. Rechts unter Alfei Menasche sieht man Kalkilija mit seinen grauen Häusern und den Moscheen, daran angrenzend die israelische Stadt Kfar Saba. Wäre dort keine Mauer gezogen, gingen beide Städte ineinander über – wie sie es früher auch taten, durch den Austausch an Arbeitskräften und Waren wenigstens. Man sieht das Mittelmeer »und an guten Tagen mit klarer Sicht sogar Aschdod«, die Hafenstadt südlich von Tel Aviv, sagt Tirza. »48 Prozent der Israelis leben in der Region, die wir hier sehen. Ein schmaler Streifen, bis zum Meer sind es nur 12 Kilometer. Israel ist an dieser Stelle leicht zu verwunden. Wir sind nicht paranoid, aber die Jordanier haben uns von hier beschossen. Heute haben wir es nicht mit einer feindlichen Armee zu tun, sondern mit Terroristen. Die sind viel schwieriger zu bekämpfen.«

Er zeigt auf Kalkilija und die Mauer, die dort nur ein Teil der Sperranlage ist, die sich ansonsten als 50 Meter breiter

Zaun einmal um die Stadt herumgelegt hat. Mit einer Flasche ist Kalkilija verglichen worden, weil es nach Osten ins Westjordanland nur einen engen Ausgang gibt.

Kalkilija und Kfar Saba liegen nur 800 Meter voneinander entfernt. Von Kalkilija aus wurde auf Kfar Saba und auf die nahe Autobahn geschossen. Die Stadt wird in israelischen Sicherheitskreisen als ›Hotel der Selbstmordattentäter‹ bezeichnet, weil dort nach Erkenntnissen des Geheimdienstes viele von ihnen unterkamen, bevor sie direkt nebenan ihr tödliches Werk ausführten. Es war dann nur noch ein Fußweg für sie.

»›Stoppt den Terror‹, habe ich dem Bürgermeister gesagt, ich kenne ihn sehr gut. Und er sagte, er könne nichts tun«, erzählt Tirza. Die Konsequenz war bitter für die ganze Stadt, im Jahr 2002 wurde sie an 255 Tagen von der israelischen Armee abgeriegelt. Niemand kam heraus, niemand durfte hinein. »Als 2003 mit dem Zaunbau angefangen wurde, haben wir die Stadt nur noch an 33 Tagen abgesperrt.« Seitdem die Anlage fertig ist, war keine Abriegelung durch die Armee mehr nötig. Israel fühlt sich seitdem besser geschützt. Die Sperranlage verrichtet stumm ihr Werk. Tirza bekennt, dass Kalkilija natürlich darunter leide, aber was hätte noch passieren sollen? Kalkilija ist berühmt für seine Guaven und für gute arabische Restaurants. Tausende aus der Stadt gingen jeden Morgen nach Israel, um dort zu arbeiten. Für sie war es eine gute Einnahmequelle, für die Israelis waren die Palästinenser begehrte und billige Arbeitskräfte. Auf dem Bau, im Haus, in Lagern und Geschäften. Das geht jetzt nicht mehr. »Die Stadt hatte immer einen engen Bezug zu Israel. Jeden Schabbat war Kalkilija voll mit Israelis, die dort einkauften. Ihr Gesicht zeigte zu uns, jetzt ist Kalkilija ein Hinterhof des Westjordanlands«, sagt Danni Tirza. Er weiß, dass er zumindest dazu beigetragen hat, dass die Stadt dazu geworden ist. Aber anders war die Sicherheit nicht zu bekommen.

Der oberste Routenplaner und Oberst a. D. hat nach dem Aussichtspunkt noch eine halbe Stunde Zeit für den Besuch im Überwachungsposten der Armee. Die Sperranlage steht ja nicht einfach nur da und sperrt weg und aus. Der Zaun hat alle paar Meter Berührungsmelder und andere technische Finessen, die der Überwachung dienen. »Das muss man gesehen haben, um zu verstehen, was wir alles tun für unsere Sicherheit«, sagt Tirza. Dazu lässt er den Motor seines Geländewagens wieder an, die Klimaanlage beginnt zu surren, und dann fährt er aus Alfei Menasche heraus, noch ein Stück ins Westjordanland hinein und biegt links ab. Man ist dann auf der anderen Seite von Kalkilija auf einem anderen Hügel. Der Militärposten heißt Zufim und besteht auf den ersten Blick aus weißen Containern und hoch aufragenden Antennenmasten.

In einem der größeren Container fallen dann vor allem ziemlich gelassen dasitzende Soldatinnen vor Computern auf. Ihre Augen sind auf die Bildschirme gerichtet, ihre rechten Hände bedienen die Pfeiltasten, rauf und runter, rechts und links. Damit bewegen sie Kameras, die auf den hohen Masten montiert sind. Kamera nach links, tack-tack-tack, ein Stück runter, tack-tack, so hört sich der Dienst der Soldatinnen an. Vier Stunden lang machen sie das, dann haben sie acht Stunden Pause, dann wieder vier Stunden Kameras bewegen und Bilder angucken, dann wieder acht Stunden Pause. »Männer haben für so etwas keine Geduld«, murmelt Tirza und sagt, dass sie von Zufim aus 100 Kilometer des Zauns beobachten. Jede Kamera erfasst einen Umkreis von vier Kilometern. Die Soldatinnen können sie in jede Richtung drehen, sie können kleinste Gegenstände ganz nah heranholen. Es gibt Tagkameras und Nachtkameras, es gibt sogar Mikrophone an manchen Zaunabschnitten, »da hört man, wenn sich jemand nähert. Wir haben in die beste und fortschrittlichste Technik investiert.« Auf anderen Bildschirmen sehen die Soldatinnen, wo gerade der nächste Militärjeep ist. Den können sie rufen, wenn sie etwas Verdächtiges gesehen haben.

Viel ist zur Zeit nicht los; leider, sonst hätte man so ein Glück gehabt wie die Spiegel-Kollegin. Als sie in der Beobachtungsstation war, wurde Alarm ausgelöst. Plötzlich dröhnte der alte Queen-Hit »Another one bites the dust« – auf Deutsch: Wieder beißt einer ins Gras – aus den Lautsprecherboxen – als Zeichen dafür, dass jemand oder etwas den Zaun berührt hatte. So sensibel sind die Sensoren, dass sie jede kleinste Erschütterung melden. Manchmal ist es nur ein Vogel, der gegen den Zaun geflogen ist. In solchen Fällen muss kein Jeep alarmiert werden.

Elf dieser Beobachtungsstationen soll es geben, wenn die Sperranlage fertig ist. Um Jerusalem herum wird das Kameranetz enger sein.

»Hier kann man sehen, dass es wirklich ein Sicherheitszaun ist«, erklärt Tirza. Als könne er nicht trotz der vielen Kameras, Sensoren und Geräuschmelder ganz nebenbei noch eine andere Funktion haben.

* * *

Ost-Jerusalem, Stadtteil Beit Hanina, einen Kilometer westlich der Sperranlage. Ein Friseursalon an der alten Straße, die von der Jerusalemer Altstadt kommend in Richtung Ramallah führt. Jüdische Israelis, die in den nahen, seit 1967 erbauten Stadtteilen Pisgat Ze'ev und Neve Ya'akov wohnen, meiden sie und benutzen die für sie gebaute Schnellstraße. Sie führt über Brücken und wurde in die Felsen gesprengt, sodass sie nicht mit arabischen Stadtteilen in Berührung kommt. Für die Palästinenser der Gegend dagegen ist die Alte Beit Hanina-Straße, wie sie genannt wird, eine wichtige Einkaufsstraße. Es gibt Metzger und Obstläden, kleine Supermärkte, die alles haben, Autowerkstätten, Tankstellen und Bäckereien. Zwischen einen Spielwarenladen und die kleine Poststelle zwängt sich der Friseursalon, um den es hier geht.

Keine große Geschichte, eher eine kleine Alltäglichkeit, die aber eine Menge erzählt über die Sperranlage und wie undurchlässig – also wie sicher – sie ist. Denn das soll sie ja: niemanden durchlassen, damit grauenhafte Anschläge in Israel in Zukunft verhindert werden.

In dem Salon arbeitet Machmud. Er schneidet schnell und ohne viele Kompromisse. Nicht sehr kurz wird bei ihm kurz, wünscht man wenig Haargel, dann sieht man sich am Ende mit von Gel nur so getränkten und zum scharfen Scheitel gezwungenen Haaren im Spiegel.

Machmud wohnt nur unter der Woche in Beit Hanina, schläft bei einem Bekannten auf der Couch. Am Wochenende geht er zurück nach As Sawiya. As Sawiya ist ein palästinensisches Dorf im Westjordanland, etwa auf halber Strecke zwischen Ramallah und Nablus gelegen, vielleicht 50 Kilometer von Beit Hanina entfernt. Eine Genehmigung, in Israel zu arbeiten oder sich aufzuhalten, hat Machmud nicht. Müsste er aber haben, weil Beit Hanina zu Ost-Jerusalem gehört, also nach israelischer Sicht der Dinge zur Hauptstadt Israels.

»Ich weiß, es ist illegal. Aber in meinem Dorf gibt es keine Arbeit. Ich habe eine Familie zu ernähren«, erzählt Machmud. Fünf Kinder hat er mit seiner Frau, also pendelt er zwischen der Legalität und der Angst, verhaftet und bestraft zu werden.

Während er in rasender Geschwindigkeit mit Schere und Kamm hantiert, fragt man, wie er es denn schaffe, hin und her zu kommen. Wie überwindet er die Sperranlage?

»Sie ist noch nicht ganz fertig, es gibt noch viele Lücken«, erklärt er. Es gibt Sammeltaxen, deren Fahrer genau wissen, wo sie einen wie Machmud hinbringen müssen. Es sind bekannte Plätze. Viele gehen dort täglich nach Israel rüber, um Arbeit zu finden. Angeblich sind es Tausende, die es ohne Erlaubnis probieren und auch schaffen. Sogar bis nach Tel Aviv kommen sie und arbeiten im Großmarkt oder in Lagerräumen von Geschäften. Abends fahren sie wieder heim. Machmud bleibt in Beit Hanina, ihm wäre das tägliche Pendeln zu viel.

Aber wenn es so viele Palästinenser jeden Tag machen und es bestimmte Plätze zum Übergang gibt, ohne Kontrolle, weiß es dann nicht auch die israelische Armee oder die Polizei? »Na klar, aber es interessiert sie nicht. Sie wissen, dass wir nur Arbeit suchen«, antwortet Machmud. Meistens sind gar keine Soldaten an dem illegalen Übergang; und wenn doch, dann sitzen sie in ihrem Jeep und tun nichts. Sie fragen nicht nach dem Ausweis und durchsuchen ihn nicht. Nur manchmal wird Machmud zurückgeschickt. Das scheint auch eine Frage der Tagesform der Soldaten zu sein. Dann wartet er, bis sie wieder weg sind, und steht später doch im Friseursalon in Beit Hanina.

Man fragt sich, wie die Soldaten es so genau wissen können, dass da nur ein Friseur vor ihnen steht und nicht ein Terrorist. Darauf hat Machmud keine Antwort. Es interessiert ihn auch nicht. Er will wirklich nur Haare schneiden und ist froh, wenn er am Wochenanfang die Schere schwingen kann.

* * *

Bil'in ist eine Berühmtheit unter den Dörfern des Westjordanlandes. Jeden Freitag wird es in sämtlichen israelischen Nachrichtensendungen erwähnt, und in den Sonntagsausgaben der Zeitungen finden sich auch immer Berichte über die Ereignisse am Freitag in Bil'in. Das kleine Dörfchen westlich von Ramallah, kurz vor der Sperranlage gelegen, probt den Aufstand, und das mit einiger Hartnäckigkeit und der Unterstützung stets mehrerer Dutzend Israelis seit Februar 2005. Jeden Freitag nach dem Mittagsgebet und immer möglichst gewaltlos, weshalb die Einwohner schon als ›neue Gandhis‹ bezeichnet wurden oder zumindest als ›kleine Gandhis‹. Obwohl die Umstände nicht so sind, dass der Protest immer gewaltlos bleibt.

Gandhis seien sie, wenn Mohammed al Khatib diesen Vergleich hört, dann huscht ein Lächeln über sein Gesicht. So etwas schmeichelt einem natürlich, mit dem Vater des gewaltlosen Widerstandes gegen eine Besatzungsmacht verglichen zu werden. Vor allem aber weiß al Khatib dann, dass die Botschaft angekommen ist, die sie von Bil'in aus an jedem Freitag mit ihren Protesten aussenden wollen: Wir wehren uns gegen die Sperranlage, wir zeigen, wie wir darunter leiden, aber wir tun es ohne Waffen.

4000 Dunam Ackerland besitzen die Einwohner von Bil'in, 400 Hektar. Durch den Bau der Sperranlage westlich von ihrem Dorf gehen nach Angaben des Dorfrates 2300 Dunam, also 230 Hektar, davon verloren oder werden nach Fertigstellung unerreichbar auf der israelischen Seite des Zauns liegen, der an dieser Stelle einige Kilometer östlich der Grünen Linie verläuft. Nach Militärangaben soll es nicht ganz so viel Land sein, sondern nur 1700 Dunam, 170 Hektar. Wie auch immer, die Dorfbewohner wollen das nicht hinnehmen und etwas dagegen tun.

»Wir wollen das wahre Bild zeigen: Wir sind die Opfer, die Israelis sind die Besatzer«, sagt al Khatib.

»Stehlen wir ihnen Land? Zapfen wir ihnen ihr Wasser ab? Verhindern wir, dass sie in Freiheit leben können?«, fragt er.

Würden sie mit Waffen protestieren, wären sie die Täter.

Mohammed al Khatib sitzt vor seinem Haus und erzählt das alles zwischen zwei Telefonaten. Wespen kreisen um eine Flasche mit Zuckerwasser, die als Falle dient; al Khatibs Kinder und einige seiner Neffen und Nichten spielen mit einem Fußball, dem die Luft ausgegangen ist. Mittendrin sitzt der 31-Jährige auf einem weißen Plastikstuhl. Er muss per Telefon dringend noch etwas erledigen und hat dafür nicht viel Zeit: Seit der Demonstration am Freitag vor zwei Wochen sitzt ein Mann aus Bil'in in israelischer Haft. Gegen eine Kaution von 7500 Israelischen Schekel, etwa 1500 Euro, soll er entlassen werden. Verschiedene Friedensorganisationen wollen das Geld aufbringen, al Khatib muss es koordinieren, denn die Kaution muss noch am Nachmittag bei einer israelischen Bank eingezahlt werden.

Viel zu tun für al Khatib, aber das ist ja eigentlich schon seit dem 20. Februar 2005 so. Damals begannen sie in Bil'in mit den Demonstrationen, und der junge Mann mit den großen, freundlichen Augen war von Anfang an der Mit-Organisator und Anschieber. Er wurde, als sich plötzlich CNN und BBC, ZDF und New York Times in das Dorf verirrten, zum Kontaktmann für internationale Medien, er wurde Ansprechpartner für die israelischen Anwälte, die die Häftlinge aus Bil-'in verteidigen, und gilt auch noch als kreativer Kopf der Demonstrationen.

Wer nicht mit Waffen gegen die Besatzung kämpft, muss einfallsreich sein, und das ist al Khatib. Er kann sich herrlich darüber freuen, was er sich schon alles ausgedacht hat und was des Öfteren dazu führte, dass die israelischen Soldaten einige Male sehr verwundert den Demonstranten von Bil'in gegenüberstanden und das Interesse der Medien an den Freitagsdemonstrationen nie erlahmte.

Seine Lieblingsüberraschung wartete an einem frühen Morgen im April auf die Soldaten. »Wir haben einen Käfig gebaut und auf den Streifen gestellt, auf dem der Zaun gebaut wird«, erzählt al Khatib. In den Käfig setzten sich er und einige der Dorfbewohner, in ihre Mitte nahmen sie ein Schaf. »Damit wollten wir zeigen, dass wir wie in einem Gefängnis leben und auch unsere Schafe darunter leiden. Ihnen werden ihre Weiden genommen«, sagt al Khatib. So warteten sie, bis der Morgen graute und die erste Patrouille kam. »Die Soldaten haben geguckt, sie wollten es nicht glauben«, berichtet al Khatib und lacht. Von innen hatte er den Käfig verschlossen, die Insassen konnten also nicht einfach herausgeholt werden. Es dauerte einige Zeit, bis weitere Soldaten mit diversen Geräten kamen, um die Stäbe durchzutrennen. Dann wurde der Käfig auf einen Lastwagen geladen und abtransportiert. Die menschlichen Demonstranten wurden festgenommen und verhört, das Schaf durfte ins Dorf zurücktrotten.

Dass so eine Aktion nicht ohne klickende Fotoapparate und surrende Fernsehkameras abläuft, dafür hatte al Khatib gesorgt. Am nächsten Tag war in allen Zeitungen zu sehen, wie die Häftlinge von Bil'in erst von israelischen Soldaten befreit und sofort wieder festgenommen wurden.

Einmal hatte er die Idee, Spiegelscheiben so zu präparieren, dass die Soldaten selbst Träger einer Botschaft wurden. »Als ich es den anderen erklärte, haben sie es nicht verstanden«, sagt al Khatib. Dabei war es eine ganz simple Idee: Auf die Spiegel schrieben sie spiegelverkehrt Botschaften, und als die Demonstration begann und sich wie jeden Freitag nach dem Mittagsgebet Soldaten und Protestler gegenüberstanden, hatten Letztere mal wieder einen Erfolg: Die Sonne stand günstig, und auf den Uniformen der Soldaten erschienen deutlich lesbar die gespiegelten Botschaften. »No to the Wall« zum Beispiel. Auch das war am nächsten Tag in der Zeitung zu sehen.

Viel Zeit, die praktische Umsetzung seiner Einfälle auszukosten, hat Mohammed al Khatib allerdings meistens nicht an den Tagen des Protests. Denn oft sind die friedlichen Demonstrationen viel zu schnell beendet, und danach wird alles ganz anders, als es al Khatib und das Organisationskomitee geplant haben. Dann wird mit Tränengaspatronen geschossen, es fliegen Steine und die ersten Demonstranten werden verhaftet. Das ist der Zeitpunkt, an dem die kleinen Gandhis die Kontrolle über die Gewaltlosigkeit verlieren.

Es lässt sich nicht zweifelsfrei sagen, auf wessen Verschulden das Kippen von gewaltlos zu gewaltsam zurückgeht. Es ist, wie es oft ist in diesem Konflikt, Israelis und Palästinenser schieben sich gegenseitig die Verantwortung zu.

Die Demonstranten aus Bil'in beschuldigen die Soldaten der israelischen Armee, sie seien es, die mit Waffengewalt agieren. Mit Tränengaspatronen, Gummigeschossen und manchmal sogar mit scharfer Munition. Die Armee wiederum bestreitet das und sagt, die Demonstranten seien nicht gewaltlos, jedes Mal hätten sie es mit Steinewerfern zu tun. Außerdem würden Regeln, die sie aufstellten, grundsätzlich missachtet. Darauf müssten sie reagieren.

Im Sommer jedenfalls erreichten die Demonstranten einen Teilerfolg vor dem zuständigen Militärgericht. Der Richter Daniel Zamir entschied, die Soldaten der israelischen Armee hätten in dem verhandelten Fall das Feuer gegen die Demonstranten eröffnet, die friedlich protestiert hätten. Als Konsequenz kündigte Zamir eine Untersuchung darüber an, wie die Truppen an den Freitagen in Bil'in agieren.

Es ist die Demonstration des 17. Juni 2005 in Bil'in, die zu diesem Urteil des Militärgerichts führte.

Ein heißer Freitag, an dem die Demonstranten als stilisierte Grabsteine demonstrieren sollen.

Al Khatib hat Platten aus Styropor besorgt, deren Größe ungefähr der von Grabsteinen gleicht. Das Haus von Abdullah Abu Rahma liegt schräg gegenüber der Moschee. Es dient als Basislager der israelischen Mitdemonstranten und der internationalen Unterstützer. Sie sind aus England, Italien, Chile, den USA und anderen Ländern angereist und verbringen ein paar Wochen oder Monate, manche auch mehrere Jahre als oft viel zu überzeugte und vor allem unreflektiert pro-palästinensische Protestler. Die Israelis kommen morgens herüber. Sie fahren durch einen Checkpoint, als wollten sie in eine der jüdischen Siedlungen, schlagen sich dann aber über kleinere Straßen nach Bil'in durch.

Es gibt einen Kühlschrank im Haus, von dem sich jeder bedienen kann, in den aber auch jeder etwas hineinlegen soll. Matratzen liegen auf dem Boden, Campingkocher stehen herum, an der Badezimmertür weist ein Schild darauf hin, das Bad bitte als Bad zu behandeln, damit alle es benutzen können. In einem Raum von Abu Rahmas Haus liegen die Styroporplatten. Mit dicken schwarzen Filzstiften haben die Demonstranten sie in verschiedenen Sprachen beschrieben. Der Text lautet »Die Palästinenser sind die Opfer der Besatzung«. Al Khatib hofft auf die Anwesenheit vieler internationaler Fernsehteams. Sie werden, das ist sein Kalkül, die einfache Botschaft der Grabsteine in die ganze Welt hinaussenden, und dann wissen bald alle, worum es geht in Bil'in.

Ein Stück westlich vom Dorf laufen zur selben Zeit die Vorbereitungen der Armee für ihren freitäglichen Einsatz. Auf der

Straße, die aus dem Dorf heraus führt, stellen die Soldaten Holzschilder mit einer Bekantmachung des Kommandanten auf: Er hat das dahinter liegende Gebiet zum militärischen Bereich erklärt, den niemand betreten darf. Die Baustelle der Sperranlage ist von dort gut einen Kilometer weit entfernt.

Die Soldaten dürften etwa dasselbe Alter haben wie die meisten der aus der ganzen Welt und aus Israel angereisten Unterstützer. Sie tragen volle Montur, also olivgrüne Uniform, schusssichere Weste und Helm mit Visier. Ihre Gewehre baumeln griffbereit vor der Brust, in der Hand halten sie einen Schlagstock aus Holz. Sie sind gerüstet für das, was gleich passieren wird.

Das Freitagsgebet in der Moschee von Bil'in ist vorbei. In Abu Rahmas Haus setzt sich der Demonstrationszug in Bewegung. Es sind 200 Teilnehmer, Junge und Alte aus Bil'in, aus Israel und der ganzen Welt. Die Demonstranten in den ersten Reihen tragen die Grabplatten vor sich her, darunter ist auch ein Rollstuhlfahrer. Jemand verteilt aufgeschnittene Zwiebeln, die gegen Tränengas helfen, und Papiertaschentücher als Ohrenstöpsel. Die neuste Methode der israelischen Armee, um Demonstranten loszuwerden, ist eine Maschine, die einen schmerzhaften, hohen und vor allem lauten Ton ausstößt. Wer sich kein Papier in die Ohren stopft, dem bleibt nur der Rückzug. Die Demonstranten sind gerüstet für das, was gleich passieren wird.

Die Soldaten haben sich postiert. In einer Kette stehen sie hinter den Schildern, die das Gebiet zum Sperrgebiet erklären. Dahinter steht ein Armeejeep mit einem weißen, kastenartigen Anhänger, das ist die Tonmaschine. Andere Soldaten haben sich zwischen den Olivenbäumen auf den Feldern rechts und links der Straße verteilt.

Die Demonstranten nähern sich der Absperrung. Die in den ersten Reihen setzten sich direkt davor, in der Mitte steht der Rollstuhlfahrer. Die Styroporplatte steckt zwischen seinem Rücken und der Stuhllehne.

Es ist ganz still, die Männer sitzen und stehen und halten ihre Grabplatten in die Höhe. Auf der anderen Seite stehen die Soldaten und sind ebenso stumm. Sie verziehen keine Miene hinter ihren heruntergeklappten Visieren. Dann spricht der Kommandant durch ein Megaphon: Die Demonstranten hätten zehn Minuten Zeit, die Versammlung aufzulösen, sagt er. Wenn nicht, werde die israelische Armee entsprechende Maßnahmen ergreifen.

Kaum hat er zu Ende gesprochen, stößt der weiße Kasten einen schnarrenden, hohen Ton aus. Wieder. Und wieder. Lauter. Dann noch einmal. Die Ohrenstöpsel helfen, die Demonstranten bleiben.

Das ist der Moment, in dem der Kommandant seinen rechten Arm energisch in die Höhe reißt und die Hand mit ausgestrecktem Zeigefinger nach vorne schnellen lässt. Wie ein Dirigent, der sein Orchester zum dramatischen Finale einer großen Symphonie antreibt. Das Signal zum Angriff. Alles geht sehr schnell.

Die Soldaten stürmen nach vorn, die Demonstranten laufen auseinander, plopp, plopp machen die Gewehre. Es qualmt, Gummigeschosse fliegen und springen umher, sobald sie auf den Boden treffen. Die Luft wird scharf vor Tränengas. Einige der Demonstranten sind trotzdem an ihren Plätzen geblieben, einige sitzen immer noch auf der Straße. Es gibt Prügelszenen, ein Demonstrant ruft: »Tut ihm nichts, er ist verletzt!« und: »Keine Gewalt!«, dann wird er von hinten gegriffen und weggezogen. Mitten in das Getümmel stürzen Polizisten in dunklen Uniformen. Sie greifen sich die, die sich am stärksten wehren, und zerren sie hinter die Absperrung. Nur noch der Rollstuhlfahrer steht mitten im Chaos, ein Teil seiner Grabplatte ist abgebrochen. Hinter ihm verfolgen Soldaten die Demonstranten, die ins Dorf laufen.

Und dann passiert das, was immer passiert, wenn es soweit gekommen ist. Aus dem Dorf heraus fliegen Steine. Es sind nicht die Demonstranten, sondern die, die sich nicht an die

Taktik halten, die das Dorfkomitee zum Prinzip gemacht hat: Gewaltlosigkeit. Es sind junge Männer, die sich mit ihren Vollbärten schon allein optisch von den anderen Demonstranten unterscheiden. Sie schwingen ihre Steinschleudern, mit Karacho fliegen die eiergroßen Geschosse in Richtung der Soldaten. Nicht sehr präzise, aber bei der Masse an Steinen ziemlich gefährlich. So wird es den Nachmittag über weitergehen. Die Soldaten und die Steinewerfer werden gegeneinander kämpfen. Bis es dunkel wird, sind Schüsse zu hören.

Die Demonstranten haben sich da längst zurückgezogen. Fünf von ihnen sind verhaftet worden, darunter auch Abdullah Abu Rahma und sein Bruder Ratab. Einige haben bei den Prügeleien leichte Blessuren davongetragen, ansonsten sind es nur noch die verschwitzten und staubigen Klamotten, die an diesen Tag erinnern.

Tage später wird über die beiden Brüder vor dem Militärgericht verhandelt. Die Anklage gegen Ratab Abu Rahma beruht auf den Aussagen eines Grenzpolizisten. Er bezeugt, dass die Demonstranten Steine gegen die Soldaten geworfen hätten, nachdem diese das Gebiet zur militärischen Sperrzone erklärt hatten. Also ganz am Anfang der Demonstration. Der Zeuge behauptet, er habe gesehen, wie Abu Rahma Steine geworfen habe, daraufhin habe er ein Gummigeschoss auf ihn gefeuert.

Die Anwälte Abu Rahmas, die Israelis Tamar Peleg und Gabi Lasky, präsentieren dem Gericht Videoaufnahmen, die zeigen, wie Abu Rahma die Demonstranten dazu anhält, langsam zu laufen und ruhig zu bleiben. Sie zeigen, wie sich die Demonstranten vor die Absperrung setzen und legen, und wie kurz danach die Soldaten mit Tränengaspatronen auf sie schießen. Ein Stein ist bis dahin nicht geflogen. Auf den nächsten Bildern ist zu sehen, wie Abu Rahma von einer Gummikugel getroffen wird, die ihn leicht verletzt. Als er humpelnd seinem Bruder Abdullah zur Hilfe eilt, der von Soldaten umringt ist, wird Ratab geschlagen und verhaftet.

Daniel Zamir, der Militärrichter, entscheidet gegen die Armee. Die Demonstration sei gewaltfrei gewesen, es seien keine Steine geflogen, und Abu Rahma sei in die Magengegend geschlagen worden, ohne jemanden zu provozieren. »Es gab keinen Grund für die Festnahme«, verkündet er, »es gab auch keinen Grund zu schießen oder ihn zu schlagen.« Und dann fügt er hinzu, die Realität sei, »um es milde auszudrücken, seltsam unterschiedlich von der Aussage des Belastungszeugen«. Abu Rahma wird frei gelassen.

Das war im Sommer in Bil'in. Seitdem sind viele Freitage vergangen und jedes Mal stand irgendetwas über die Demonstrationen und ihre Folgen in den Zeitungen. Es ist erstaunlich, dass sie so lange schon durchhalten in dem kleinen Dorf. So oft trifft man unter Palästinensern auf Menschen, die einem ein Klagelied singen, das voller Weh und Trauer ist, das die Qualen des täglichen Lebens unter der Besatzung blumig beschreibt, die aber ansonsten nichts dagegen tun als nur »Inscha'allah« zu sagen. Gott also soll es irgendwann mal richten, wenn er will.

Warum das so ist, kann sich al Khatib auch nicht erklären. »Vielleicht sind sie müde geworden«, sagt er, »wir kämpfen schon so lange.« Aber warum machen sie in Bil'in dann immer weiter?

»Weil wir es wirklich wollen«, antwortet er.

Dann steigt er auf das Dach seines Hauses. Von dort sieht man nach Westen. In der Ferne glitzert das Mittelmeer in der Sonne, davor zeichnen sich die Hochhäuser von Tel Aviv ab. »Kannst du dir vorstellen, dass ich noch nie an diesem Meer gewesen bin? Sie lassen mich nicht.« Und er zeigt auf die nähere Umgebung, die bald durch die Sperranlage abgeschnitten sein wird. Man sieht den Dorfrand von Bil'in, ein Stück freies Land und den hellen Streifen, auf dem die Fundamente für den Zaun gesetzt werden. Wenige hundert Meter dahinter, aber noch auf palästinensischem Land, erhebt sich die jüdische Siedlung Modi'in Illit. Man sieht Einfamilienhäuser und

Wohnblocks, von denen einige noch im Rohbau sind. Die Siedlung, in der ausschließlich ultra-orthodoxe Juden leben, wächst weiter. 35 000 leben dort bereits, in wenigen Jahren soll sich die Zahl verdoppeln, ein Eisenbahnanschluss wird eine schnelle Verbindung nach Jerusalem und Tel Aviv herstellen. »Es ist unser Land«, sagt al Khatib, »sie machen damit, was sie wollen. Uns verweigern sie die Rechte.« Da das Land westlich von Bil'in bald unzugänglich sein wird, stehen die Dorfbewohner vor einem Problem: Sie können sich auf dem eigenen Land nicht mehr ausdehnen. Die Familien wachsen, traditionell bauen die Kinder in der Nähe der Eltern ein eigenes Haus. »Wir müssen bald Land vom Nachbardorf kaufen, weil wir keinen Platz mehr haben«.

Sie kämpfen weiter. Und sind immer noch voller Hoffnung, dass sich eines Tages etwas durch ihre Beharrlichkeit ändern wird.

* * *

Dass Israel Milo und Marouf Zahran nicht mehr in den Ämtern sind, in denen sie einiges bewegen konnten, kümmert sie nicht. Ihre gemeinsamen Ziele, die dem Frieden dienen, verfolgen sie trotzdem weiter. Auch über die Mauer hinweg, die ihre Städte jetzt voneinander trennt.

Der eine, Milo, ist ein großer, grauhaariger Israeli, der für die linke Meretz-Partei fünf Jahre lang Vizebürgermeister der Stadt Kfar Saba war. Der andere, Zahran, ist ein dunkelhaariger Palästinenser, der für die Fatah-Bewegung zehn Jahre lang Bürgermeister der palästinensischen Stadt Kalkilija war. Ihre Amtszeiten fielen Mitte der 90er Jahre zusammen, und das war gut für die Städte – und vielleicht auch ein kleines bisschen gut für einen Frieden, der allerdings noch sehr weit weg ist.

Damals war die Grundstimmung in Nahost optimistisch. Vage Hoffnungen waren zu einem Friedensprozess gereift, an den viele glaubten. Auch Israel Milo und Marouf Zahran.

Kfar Saba und Kalkilija liegen so eng beieinander, dass beide Städte fast nahtlos ineinander übergehen. Palästinensische Arbeiter gingen jeden Tag nach Kfar Saba, weil es dort gute Jobs gab. Die Leute aus Kfar Saba kamen ihnen auf der Straße entgegen, weil sie zum Einkaufen nach Kalkilija fuhren. »Sie kauften alles dort, weil es gut und billig war«, berichtet Milo, »dann gingen sie essen, weil es gute Restaurants gab.«

Milo und Zahran wollten die Menschen auch persönlich zusammenbringen, also mieteten sie Busse und organisierten einen Austausch. Besonders Kinder und Jugendliche wurden an den Wochenenden hin und her gefahren, um einander kennen zu lernen. Man kann die beiden jetzt nur noch getrennt voneinander treffen, weil Milo sich als Israeli nicht in Kalkilija aufhalten und Zahran nicht nach Israel reisen darf.

Beide erzählen von ihren Ideen, die sie hatten und noch nicht verwirklichen konnten. Sie wollten eine von beiden Städten genutzte Abfalldeponie bauen. Sie wollten eine gemeinsame Hochschule gründen. Sie wollten ein Kulturzentrum schaffen, mit Restaurants und einem Spielplatz für palästinensische und israelische Kinder.

»Wir haben viel getan damals«, sagt Milo, der auch weitermachte, nachdem er 1998 wegen einer schweren Krankheit sein Bürgermeisteramt aufgeben musste.

Dann war die gute Zeit vorbei. Der Konflikt flammte wieder auf, der Hass, den Zahran und Milo mit ihren Ideen bekämpfen wollten, war stärker.

Kalkilija wurde eingemauert und liegt jetzt, wenn man von Kfar Saba kommt, hinter der Mauer.

Israel Milo sagt, diese Mauer werde keine Sicherheit bringen. Wer sich in die Luft jagen wolle, um möglichst viele Israelis mit in den Tod zu reißen, der werde das auch in Zukunft schaffen. »Wir müssen lernen, miteinander zu leben, dann wird der Frieden kommen.« Einmal hat er gezeigt, dass die Mauer die Menschen nicht auseinander treiben kann. Dazu organisierte er eine ungewöhnliche Demonstration: Die

Leute aus Kfar Saba sollten sich auf den stillgelegten Müllberg an der Stadtgrenze stellen, die Leute aus Kalkilija auf das Dach einer Schule steigen. So standen sich an diesem Tag Hunderte gegenüber, Luftlinie vielleicht ein Kilometer, und winkten sich gegenseitig zu. Auf beiden Seiten gab es Megaphone, und so konnten sich die räumlich getrennten Demonstranten sogar unterhalten. Spontan holten einige ihre Telefone aus den Taschen und riefen sich an. Dank der Busfahrten von Zahran und Milo kannten sich ja einige schon näher.

Die Demonstration ist Jahre her, und inzwischen scheint sich die Mauer in den Köpfen der Menschen festgesetzt zu haben. Vor allem hinter der Mauer, in Kalkilija.

Marouf Zahran erklärt, die Mauer radikalisiere die Menschen. Wahrscheinlich ist er also selbst ihr Opfer geworden, denn er hat sein Bürgermeisteramt bei der Wahl 2005 an den Hamas-Kandidaten verloren. Die radikalen Islamisten haben alle 15 Sitze im Stadtrat von Kalkilija gewonnen, und ihre Umfragewerte steigen weiter. »Die Menschen sehen nur noch die aggressive Politik der Israelis und flüchten sich zu den Radikalen«, erzählt Zahran. Weil sie glauben, nur die könnten wirklich etwas gegen die Besatzung ausrichten.

Milo und Zahran aber glauben weiter an das, was sie sich vor Jahren in den Kopf gesetzt haben. Milo behauptet, die Israelis wären doch blöd, wenn sie nicht gemeinsam mit den Palästinensern eine Mülldeponie bauen und nutzen würden. Sie könnten sie gut gebrauchen, und als Friedensprojekt würde sie sogar mit internationaler Hilfe finanziert. Also will Milo versuchen, im Rathaus von Kfar Saba dafür zu werben.

Zahran, der nach seiner Wahlniederlage inzwischen zweiter Mann im Ministerium für zivile Angelegenheiten in Ramallah ist, erzählt, die deutsche Entwicklungsbank KfW habe bereits die Mittel für die israelisch-palästinensische Deponie zugesagt, die Pläne lägen fertig in seiner Schublade. Ein Problem ist die Hamas: Sie wird wohl kaum dafür zu gewinnen sein, gemeinsam mit Israelis so etwas anzugehen. Vorsorglich will Zahran für die Deponie einen Platz in einer Gemeinde suchen, in der die Hamas nicht an der Macht ist.

Ihre alte Idee, den Hass aufeinander dadurch zu schwächen, in dem die Menschen zueinander kommen, haben sie im Januar 2005 erstmals wieder aufleben lassen. Da sie sich nicht mehr gegenseitig besuchen können, sind sie gemeinsam mit Jugendlichen aus beiden Städten nach Italien gefahren. »Alle haben im selben Hotel geschlafen, wir haben viel unternommen«, erzählt Milo. Auch Zahran glaubt, dass sich die Reise gelohnt hat: »Ich glaube, da wurden Freundschaften geschlossen. Als wir zurück waren, haben viele von ihnen ihre E-Mail-Adressen ausgetauscht.«

Und E-Mails sind ja bekanntlich grenzüberschreitend. Von einer Mauer aus Beton jedenfalls werden sie sich nicht aufhalten lassen.

Der Junge mit dem Bombengürtel

Hussam Abdo, ein Junge aus dem Westjordanland, hatte sich einen Bombengürtel um den Leib geschnallt. Er wollte Israelis töten und wähnte sich auf dem Weg ins Paradies. Aber anstatt dort anzukommen und, wie es ihm versprochen war, von 72 Jungfrauen umsorgt zu werden, endete sein Weg in der Haftzelle einer israelischen Armeebasis. Dort saß Hussam und wird befragt. Wer überredete ihn, mit einer acht Kilogramm schweren Bombe zum Huwwara-Checkpoint zu gehen, jenem Kontrollpunkt, der die Stadt Nablus im Westjordanland nach Süden hin abriegelt? Wer gab ihm die Bombe, wo sollte er sie zünden?

Es war der 24. März 2004, als Hussam Abdo einem aufmerksamen Soldaten in der Warteschlange am Checkpoint auffiel. Viel zu groß baumelte der Parka am schmächtigen Körper des Jungen, überlang hingen die Ärmel an den Seiten herab. Es war der zweite Tag nach der Ermordung des Hamas-Gründers Scheich Ahmed Jassin in Gaza-Stadt. Eine gezielt abgefeuerte Rakete aus einem Hubschrauber hatte den alten Mann in seinem Rollstuhl sofort getötet, als er frühmorgens vom Beten aus der Moschee kam. Die Hamas drohte Israel blutige Rache, nun sei das Tor zur Hölle aufgestoßen worden. Nach dem Mord war die Lage in den palästinensischen Gebieten angespannter als ohnehin. Die Armee, so hieß es später, sei besonders wachsam gewesen, denn sie hatte durch Geheimdienstinformationen von einem bevorstehenden Anschlag am Huwwara-Checkpoint erfahren.

Sie zogen den Jungen aus der Warteschlange. So eine große Jacke ist verdächtig, vieles kann sich darunter verbergen. Die anderen Wartenden wurden weggeschickt. Soldaten verschanzten sich hinter schweren Betonblöcken, richteten ihre Gewehrläufe auf den Jungen. Dann entstand das Bild, dass sich eingeprägt hat: Hussam Abdo ganz allein am Checkpoint. Ein Junge mit zwergenhaftem Körper, auf dem ein viel zu großer Kopf sitzt.

Über Lautsprecher wiesen die Soldaten ihn an, seine Jacke auszuziehen. Er verstand nicht sofort, wirkte unendlich verloren und unsicher, so allein, wie er dort stand. Als er die Jacke geöffnet hatte, wurde ein mächtiger Bombengürtel sichtbar. Um die Brust des Jungen geschlungen. Dann schrie er, dass er Angst habe zu sterben, und er begann zu weinen.

Wenn er je wirklich an das Paradies und das Leben dort geglaubt hat, in diesem Moment muss er geahnt haben, dass der Weg dorthin nur über einen schrecklichen Tod führt. Die Jungfrauen, das süße Leben dort oben, er als ein gefeierter Held, all das muss in diesem Augenblick ganz weit weg gewesen sein. Die Angst, die Bombe zu zünden, war größer geworden als die Verheißung derer, die ihn überredet hatten.

Dann fuhr von irgendwoher ein Roboter mit Scherenhänden an Hussam heran. Mit dessen Hilfe und durch Anweisungen der Lautsprecherstimme konnte sich Hussam der tödlichen Fracht entledigen. Der Roboter transportierte die Bombe weg, Experten ließen sie kontrolliert explodieren. Die Bombe hätte schweren Schaden angerichtet. Nägel, mit denen sie bestückt war, hätten die Wirkung verschlimmert. Es hätte mit Sicherheit Tote gegeben. Hussam Abdo wäre zum mehrfachen Mörder geworden.

Am Tag danach hieß es, Hussam Abdo sei 14 Jahre alt, ein Kind also noch. Der jüngste Selbstmordattentäter überhaupt. Außerdem sei er geistig behindert, zumindest ziemlich zurückgeblieben. Sein älterer Bruder Husni wurde mit den Worten zitiert: »Der kapiert gar nichts.« Er habe das Hirn eines 12-Jährigen. Hussam selbst sagte, er sei in der Schule oft gehänselt worden, deshalb habe er sterben wollen.

Er wäre ein williger Vollstrecker – oder soll man sagen, ein williges Opfer? – gewesen. Ein Junge, der vom Gespött zum Helden werden wollte, der an die Verlockungen des Lebens im Paradies dachte, der weiß, wie sehr die Märtyrer verehrt werden, die im Kampf gegen Israel gestorben sind. Und seine Mutter hätte 100 Schekel bekommen, 18 Euro umgerechnet. Das haben ihm diejenigen versprochen, die ihn überzeugten, mit der Bombe zum Checkpoint zu gehen, sagte er angeblich bei der Vernehmung. Eine gute Tat für die Daheimgebliebenen wäre sein Tod also auch noch gewesen.

Sollte es im Kampf zwischen Palästinensern und Israelis überhaupt noch Tabus geben, so hatte man das Gefühl, dass an dem Tag, als Hussam Abdo mit dem Bombengürtel am Huwwara-Checkpoint auftauchte, wieder eines gebrochen worden sei. Daran änderte auch die Tatsache nichts, dass Hussam schon 16 Jahre alt ist, wie seine Eltern anhand von Dokumenten nachwiesen.

Ist er nicht mit 16 immer noch ein Kind? Und was, wenn er wirklich geistig behindert ist, wenn er sich womöglich gar nicht darüber im Klaren war, was er tun würde oder tun sollte?

Im Haus der Familie Abdo begann der 24. März wie jeder Morgen. Hussam sei pünktlich zur Schule gegangen, die ist nur ein paar hundert Meter vom Haus entfernt, erzählt Tamam Abdo, seine Mutter. Als er nicht wie gewohnt zwischen eins und halb zwei wieder zu Hause war, machte sie sich Sorgen. Von Schulfreunden hörte sie, dass Hussam in der Schule nicht aufgetaucht war. Und als nachmittags Journalisten zu ihr kamen, erfuhr sie, was passiert war.

»Ich hätte niemals erwartet, dass er so etwas tun würde. Ich war geschockt und sehr traurig. Ich kann es immer noch nicht glauben. Mein Herz schmerzt.«

Sie sitzt auf der Terrasse vor ihrem Haus, auf einem weißen Plastikstuhl, den sie in den Schatten gerückt hat. Über der Mauer aus nacktem Beton, die das Grundstück zur staubigen

Straße abtrennt, hängen Teppiche zum Auslüften. Im Haus wird das Frühstück vorbereitet. Es geht alles seinen Gang.

Um Husni, Mutter des Husni, so wird Tamam Abdo nach ihrem ältesten Sohn genannt, ist 50 Jahre alt. Sie hat in den siebziger Jahren in Deutschland gelebt, in Vaihingen und Böblingen. Sie erinnert sich an einen Herrn Krämer, »gute Freund, nette Mann«, sagt sie, in dem bisschen Deutsch, das sie behalten hat. Sie war dort verheiratet mit einem Palästinenser. Er war Schmied, gemeinsam haben sie drei Kinder. Nachdem die Ehe gescheitert war, kehrte sie nach Nablus zurück und wurde Um Husni, später kamen noch Hussam und drei Töchter dazu.

Nun sitzt sie da, gekleidet in einen rostbraunen Umhang und ein silbergraues Kopftuch. Sie serviert Tee, der sehr süß ist. Sie sagt: »Sacha o afi«, Gesundheit und Wohlstand, und schiebt »Prost in Deutschland« hinterher.

Um Husni wirkt ruhig, trotz alledem, was in den Tagen, nachdem Hussam berühmt geworden ist, auf sie hereinstürzte. Ihre Mimik ist sparsam. Sie redet mit ruhiger Stimme, manchmal zuckt sie mit den Schultern oder hebt die Arme.

Sie wirkt, als habe sie ein klares Bild von dem, was passiert ist. Sie hat eine Antwort gefunden, die ihr alle weiteren Fragen abnimmt.

Es ist die Frage, wer Hussam überredet hat, mit der Bombe an den Checkpoint zu gehen. Um Husni sagt: »Am Anfang habe ich gedacht, eine der palästinensischen Organisationen hat ihn überredet. Hamas oder Al Aksa. Aber weil sich keiner dazu bekannt hat, glaube ich jetzt, dass der Schin Bet dahintersteckt. Sie haben ihn überzeugt und manipuliert.« Der israelische Inlandsgeheimdienst soll also demnach Hussams Auftritt am Checkpoint inszeniert haben. Um zu zeigen, wie verroht die Palästinenser sind. Man möchte sich das nicht vorstellen, aber so ganz aus der Welt muss Tamam Abdo damit nicht liegen. Der israelisch-palästinensische Konflikt ist auch ein Kampf um Bilder, und die Bilder, die ein Kamerateam am Huwwara-Checkpoint filmte, als der kleine Hussam mit der Bombe am Körper ganz allein dastand, waren starke Bilder. Warum sollen sie nicht inszeniert gewesen sein? Die Mutter hätte es auch den Al Aksa-Märtyrerbrigaden zuge- traut, aber als die jede Beteiligung von sich wiesen, war ihr klar, dass es nur die Israelis gewesen sein konnten.

Sie vertraut ihnen nicht. Im Gegenteil: Sie würde es den Is- raelis zutrauen, ihre Kinder zu missbrauchen.

Mit anderen Dingen hat sie dagegen zu kämpfen. Unwahr- heiten seien über ihre Familie und besonders ihren Sohn ver- breitet worden. Wie könne man nur darauf kommen, er sei nicht ganz richtig im Kopf? Es ist ihr wichtig, das klarzustel- len. Sie steht auf, verschwindet durch einen Fliegenvorhang aus bunten Plastikstreifen im Haus und kehrt mit einem Sta- pel Fotos zurück. Sie will beweisen, dass Hussam ein ganz normaler Junge ist. Etwas klein vielleicht, wie der Vater und eine der Töchter es auch sind, aber ansonsten ganz normal und durchaus nicht blöd. Sie zeigt Hussam vor einer Tulpen- Fotowand, Hussam vor einer waldigen Landschaft, Hussam bei der Einschulung. Auf einem Foto ist Hussam ein Baby, aufgenommen an einem Jahrestag der ersten Intifada. Er trägt einen Strickpulli in den Farben der palästinensischen Flagge, Husni, der ältere Bruder, ist in ein schwarz-weißes Tuch von Arafats Fatah-Bewegung gehüllt. »Sieht so ein Verrückter aus?«, fragt sie. Und beantwortet die Frage gleich selbst. Auf Deutsch sagt sie: »Viel hübsch, viel hübsch« und lächelt. Sie legt die Fotos auf den Tisch, eins lehnt sie gegen die Stuhl- lehne. Hussam als 12-Jähriger, im hellblauen Pullover mit weißen Streifen, auf der Brust steht »Stranger«. Es ist, als sitze er jetzt neben ihr.

Ein Junge sei er, der sich nie für Politik interessiert habe. Wenn in der Familie über die Besatzung gesprochen wurde, habe er nie etwas dazu gesagt. Er habe lieber draußen ge- spielt, sei oft zum Vater in den Laden gegangen, auch mal mit Freunden in die Stadt.

Wenn sie weitererzählt, was sie denkt und fühlt in diesen Tagen, dann hört man eine Frau reden, die einerseits Mutter ist und Angst hat um ihren Sohn. Die nicht versteht, warum er es getan hat oder tun wollte, die aber andererseits denkt, dass ihr Sohn einfach noch zu jung sei, um als Selbstmordattentäter zu sterben. Dass er aber an sich auf dem richtigen Weg war.

»Er ist immer noch ein Baby. 16 ist nicht das Alter für einen Kämpfer. Er ist immer noch ein Junge, der aufwächst. Er trifft keine vernünftigen Entscheidungen. Deshalb wäre ich nicht damit einverstanden.«

Und später? Wäre er älter, hätte sie nichts dagegen? »Wenn mein Sohn dazu beitragen würde, dass wir alle in Frieden leben können, dann wäre ich stolz, dann wäre ich bereit, ihn zu opfern. Kinder sterben andauernd, was können wir tun? Wir wollen sie behalten, aber auf der anderen Seite wollen wir Frieden.«

Aber ihr Sohn. Er wäre dann tot.

Sie antwortet, dass sie sehr traurig wäre, wenn ihm auch nur ein Haar gekrümmt werden würde. Aber sie glaubt an die Kraft von Selbstmordanschlägen. Sie sagt: »Wir werden gezwungen, das zu tun. Sie kämpfen gegen uns mit ihrer Militärmaschine, mit ihren Hubschraubern, mit ihren Maschinengewehren, mit ihren Panzern. Sie unterdrücken uns, und wir können nichts dagegen tun. Das Einzige, womit wir uns selbst verteidigen können, sind Steine. Aber können Steine ihre Flugzeuge erreichen? Wir haben also keine andere Wahl.«

Dann erklärt sie, die Familie wolle jetzt frühstücken. Sie sammelt die Teegläser ein. Zum Abschied sagt sie: »Ich bin geduldig und danke Allah. Ich glaube, dass Geduld und Treue zu Allah uns ins Paradies bringen werden.« Dann verschwindet sie durch einen Fliegenvorhang im Haus.

Am 28. Juni 2005 wird bekannt, dass Hussam Abdo vom Militärtribunal für Samaria zu einer Haftstrafe von acht Jahren verurteilt worden ist. Das Gericht erklärte ihn für schuldig, im Auftrag der Al Aksa-Brigaden ein Selbstmordattentat ausüben zu wollen. Mehrere Zeugen hätten ausgesagt, er sei unterdurchschnittlich intelligent. Ob er sich im Klaren über seine Tat gewesen ist, konnte nicht geklärt werden.

Der das Schweigen bricht

Es sah eigentlich alles so aus, als würde Yehuda Schaul eine ganz normale Zeit als Wehrdienstleistender in der israelischen Armee verbringen. So normal, wie der Wehrdienst mitten in der zweiten Intifada sein konnte, die so viel blutiger war als die erste. Mit Kämpfen und Ausgangssperren, mit Toten und Verletzten, mit Angst – und dem Gefühl, etwas Bedeutsames für sein Land zu tun. »Jetzt ist meine Zeit gekommen, einen Beitrag zur Geschichte unseres Landes zu schreiben, meine Zeit, die Heimat zu verteidigen.« So dachte er, als er die ersten Wochen bei der Armee verbracht hatte.

Wochentags war Schaul Soldat, im Einsatz in den besetzten Gebieten. An den Wochenenden fuhr er nach Hause. Mit dem Ausziehen der Uniform verwandelte sich ein 18-jähriger Soldat in einen 18-jährigen Jerusalemer, der in Cafés saß, Freunde traf und über vieles sprach, nur nicht über das, was er bei seinen Einsätzen erlebte. So ging es fast drei Jahre lang. Er kam in Bethlehem und in Kalkilija zum Einsatz, die meiste Zeit verbrachte er in Hebron. Alles Brennpunkte im israelisch-palästinensischen Konflikt. In Hebron zum Beispiel leben 700 extrem radikale jüdische Siedler in fünf Enklaven unter 130 000 Palästinensern. Immer wieder kommt es zu Gewaltausbrüchen zwischen beiden Gruppen, die Armee ist zum Schutz der Siedler da und befindet sich in einem aufreibenden Dauereinsatz.

Gegen Ende der Armeezeit von drei Jahren ging Yehuda Schaul zu einer Bank und tauschte sein vom Lohn gespartes Gehalt in kanadische Dollar um. Damit wollte er eine Zeit bei Verwandten in Kanada verbringen. Auch das ist normal. Alle

Israelis nehmen eine lange Auszeit nach ihrem Dienst – wobei Kanada eher ungewöhnlich ist. Die meisten reisen für Monate nach Thailand, Indien oder nach Lateinamerika. Sie tun das, weil sie abschalten müssen. Viele von ihnen hängen an Stränden ab, Drogen gehören dazu und ganz viel Nichtstun. Sie brauchen das, um rauszukommen aus dem Leben als Soldat oder Soldatin. Wenn sie wieder in Israel sind, ist die Zeit der Armee zwar nicht aus ihren Erinnerungen gelöscht, aber zumindest irgendwie verschwommen.

Also, Schaul war auf dem Weg zum Abschalten, wenn es auch nur nach Kanada gehen sollte. Etwa anderthalb Monate vor dem Ende aber änderte sich sein Plan. Der Zivilist Yehuda Schaul begann nachzudenken über das, was der Soldat Yehuda Schaul täglich tat. Die zwei Wesen, die bislang getrennt voneinander in derselben Person existiert hatten, kamen in Berührung miteinander. »Ich merkte, dass ich so nicht weitermachen konnte. Ich blickte in den Spiegel und sah ein Monster. Das Monster war ich. Ich tat Dinge, die schrecklich falsch waren, und ich hatte Gefallen daran gefunden.« Er sprach mit Kameraden darüber. Sie hatten oft miteinander geredet, über alles Mögliche. Nie aber über ihr Tun als Soldaten. »Ich spürte, dass sie genauso dachten«, erzählt er.

Das war das Ende des normalen Wehrdienstleistenden Yehuda Schaul und der Beginn von ›Schovrim Schtika‹, ›Das Schweigen brechen‹ heißt das auf Deutsch. Yehuda Schaul hat die Organisation gegründet. Mit dem Geld, von dem er eigentlich seinen Kanada-Aufenthalt finanzieren wollte. Und das ist es, was er seitdem tut: Das Schweigen brechen und das Ungeheuerliche erzählen, was die jungen Männer und Frauen täglich bei ihrem Dienst in den besetzten Gebieten erleben. Welchen Preis die Soldaten der israelischen Armee zahlen und wie schwer die Last ist, die sie zu tragen haben. »Nach unserem Dienst haben wir gemerkt, dass wir uns verändert haben«, sagt Yehuda Schaul. »Der Dienst in den besetzten Gebieten hat unsere Werte zerstört, mit denen wir aufgewachsen sind. Wir sind besorgt über den moralischen Verfall, der die gesamte israelische Gesellschaft betrifft. Davor warnen wir, indem wir das Schweigen brechen.«

Wenn Schaul in der Mehrzahl spricht, dann meint er damit 80 seiner Kameraden, mit denen er in Hebron im Einsatz war und die sich ihm angeschlossen haben.

Als Erstes organisierten sie im Sommer 2004 eine Ausstellung, in der sie von Hebron erzählten. Vor allem zeigten sie Fotos, die sie selbst geknipst hatten. Wie Touristen im Urlaub. Bilder von gefesselten Palästinensern, die in der Dunkelheit am Straßenrand kauern, aufgereiht wie auf einer Hühnerleiter. Gefesselte Männer mit verbundenen Augen, hinter denen lachende Soldaten stehen. Schnappschüsse durch das Zielfernrohr eines Maschinengewehrs. Zu sehen ist ein junger Mann, der auf dem Dach seines Hauses steht und Tauben füttert. Das Fadenkreuz ist auf sein Herz gerichtet. Ein Siedler-Graffito mit der Aufschrift »Palästinenser in die Gaskammer« und das Portrait eines Siedlers, der auf seinem Maschinengewehr einen Aufkleber trägt »Tötet alle Araber!«

In Video-Interviews erzählten die Soldaten zum Teil mit unkenntlich gemachten Gesichtern und Stimmen von ihrem Alltag in Hebron. Einer »verrückten Realität«, wie einer sagte. Ein Soldat berichtete, wie ein Kollege einem 15-jährigen Palästinenser befahl, sich flach auf die Straße zu legen. Der Soldat verdächtigte den Jungen, ein Taschenmesser zu tragen. Einen anderen Jungen wies er mit gezückter Waffe an, den Jungen zu durchsuchen. Der Zeuge berichtete, dass sich die Jungen vor Angst fast in die Hosen gemacht und gezittert hätten. Am Ende der Demütigung ließ der Soldat beide laufen. Ein Messer wurde nicht gefunden.

Man hörte Geschichten von Soldaten, die bekannten, einfach so mit Tränengas geschossen zu haben, wenn Palästinenser in Gruppen zusammenstanden und sich unterhielten. »Wir taten das, um sie rennen und husten zu sehen.« Andere ließen ihre Gefangenen die typischen Soldatenlieder vom heldenhaften israelischen Kampf absingen. Einer berichtete, wie sein Kommandant ein Brautpaar stoppte, das auf dem Weg zu seiner Hochzeit war. Er nahm ihnen die Autoschlüssel ab und gab sie nicht wieder heraus. Die Braut weinte und flehte den Soldaten an, aber das Auto blieb stehen. Das fein zurechtgemachte Brautpaar kam nicht weiter und ging zu Fuß nach Hause zurück. An einem Holzbrett konnte man sehen, dass diese Art der Bestrafung üblich war: 60 Autoschlüssel hingen dort, von israelischen Soldaten konfisziert und nie wieder zurückgegeben.

Die Ausstellung, die in Tel Aviv und später in der Knesset, dem israelischen Parlament, gezeigt wurde, brach mit einem Tabu: Man kritisiert die Armee nicht. Im Gegenteil: Sie galt vielen Israelis (und gilt immer noch) als die moralischste Armee überhaupt. Gerne wird zum Beweis der selbst auferlegte Verhaltenskodex gezückt. Dieser Ruf wurde in Frage gestellt. Auch durch Soldaten, die zum Teil noch aktiv waren. Die Ausstellung wurde in den Medien diskutiert, ihre Macher nicht selten als Nestbeschmutzer beschimpft. Tausende kamen und sahen die Fotos und hörten die Interviews der Soldaten aus Hebron. Aufgeschreckt durch die weltweite Empörung über den Folterskandal der US-Armee im irakischen Gefängnis Abu Ghraib ließ der damalige israelische Generalstabschef Mosche Ja'alon die Filme konfiszieren und lud einige der Soldaten zu Verhören vor. Angeblich, um die Vorfälle zu untersuchen. Yehuda Schaul, der neun Stunden lang verhört wurde, vermutet, dass die Armee aus anderen Gründen eingegriffen hat: »Sie wollten sich nicht mit den Aussagen auseinandersetzen. Es ging nur darum, anderen Soldaten Angst einzujagen.«

Schaul sitzt in einem Café in der Emek Refaim in Jerusalem. Einer schicken Straße voller Cafés und trendiger Läden in der von Templern gegründeten Deutschen Kolonie. Während und nach der Ausstellung hat er neben den teilweise wüsten Beschimpfungen eine Erfahrung gemacht, die ihn eigentlich nicht besonders überrascht hat: Soldaten mit ihren

Familien kamen, Wehrdienstleistende, die noch im Dienst waren, und viele von ihnen sagten, er habe ihnen mit der Ausstellung »die Worte aus dem Mund gezogen«. Schaul nimmt das als Beleg dafür, dass es nicht eine durchgeknallte Gruppe von Revoluzzern war, die die Ausstellung gemacht hatte: »Es waren Soldaten, die in Nablus waren, in Gaza, in Ramallah. Es ist eine Sache meiner Generation«, erklärt er. »Der Dienst in den besetzten Gebieten hat uns alle verändert. Der moralische Verfall betrifft uns alle.« Inzwischen haben er und die anderen Mitglieder von Schovrim Schtika 300 Berichte von Soldaten gesammelt. Sie können im Internet nachgelesen werden, in schwarzen Heftchen oder auf einer DVD, die gerade fertig produziert wurde. Jeder Bericht wurde durch Gegenrecherche geprüft. Die israelische Menschenrechtsorganisation B'Tselem hat palästinensische Zeugen für viele der Vorfälle gefunden. Schaul und die Kollegen halten Vorträge in Schulen und Universitäten und bieten Touren nach Hebron an, um den Wahnsinn dieser Stadt zu zeigen.

Schaul ist jetzt 22 Jahre alt, das Ende seines Wehrdienstes liegt gut ein Jahr zurück. Auf seinem Kopf sitzt eine schwarze Kippa, er trägt Vollbart und rührt mit dem Strohhalm in einem frisch gepressten Orangensaft. Das Café in der Emek Refaim war so ein Ort, an dem er an den Wochenenden oft saß, wenn sein Leben als Soldat eine Pause einlegte. Dann war er weit weg von Hebron, obwohl es bis dahin nur 30 oder 40 Kilometer sind.

Schaul gehörte zur Nachal-Brigade, die sich aufgrund der Herkunft ihrer Soldaten vor allem aus der Kibbuz-Bewegung oder aus linken Jugendorganisationen als intellektuelle Elite der Armee begreift.

Er erzählt von seinen Einsätzen und versucht noch einmal, das Leben des Soldaten und das des Zivilisten voneinander zu trennen.

»Wir waren in einer palästinensischen Schule stationiert«, berichtet er. »Wir hatten sie geschlossen und in eine Armeebasis umgewandelt.« Die Palästinenser, die in dem Viertel wohnten, hatten immer wieder auf die dort liegende jüdische Siedlung geschossen. »Wir mussten etwas tun. Wir konnten nicht ruhig bleiben. Wir beantworteten das Feuer.« Das war sein Job. Er war für das Granaten-Maschinengewehr ausgebildet worden. Der Auftrag war, dorthin zu schießen, wo das palästinensische Feuer herkam. Mit einem Granaten-Maschinengewehr ist das nicht einfach, schon gar nicht in der Dunkelheit. Schaul versucht es zu erklären. Er streckt den Arm aus und bewegt ihn wie ein Gewehr. »Durch das Abfeuern von Schüssen zielt man mit dieser Waffe. Man orientiert sich an den Einschlägen und korrigiert dann die Richtung«, erklärt er und zieht seinen Arm ein Stück nach links. Das wäre der Moment gewesen, in dem er wieder geschossen hätte. Das Problem: Die abgefeuerten Granaten sind tödlich für jeden im Umkreis von acht Metern. Bis zu 16 Meter Umkreis sind schwerste Verletzungen die Folge. Es konnte also bei jedem Schuss in das dicht besiedelte palästinensische Stadtviertel von Hebron jemand umgebracht werden, der gar nicht geschossen hatte. »Das Perverse ist: Es gefällt dir. Endlich kannst du anwenden, was du in der Ausbildung gelernt hast. Und du weißt im selben Moment, dass du unschuldige Menschen triffst, während du das Ziel suchst.«

Als die Schießereien nicht nachließen, entschied der Kommandant, vor Einbruch der Dunkelheit in die Viertel zu gehen, aus denen die Schüsse kamen. »Er wollte, dass wir Präsenz zeigen. Wir fuhren umher, warfen Granaten und schossen in geschlossene Läden.« Schaul und seine Kameraden taten das, einfach so.

Fanden sie irgendwo eine verdächtige Tasche, in der eine Bombe versteckt sein konnte, warteten sie nicht auf die Bombenexperten, um sie zu sprengen. Sie hielten einfach einen Passanten fest und ließen ihn die Tasche untersuchen. »Das geschah oft. Wir schickten sie auch vor, wenn wir in einem Haus einen Terroristen vermuteten. Dann mussten wir nicht selbst die Tür öffnen. Es war uns klar, dass der Palästinenser dabei extrem gefährdet war. Er hätte erschossen werden können.« Es sei nie jemand getötet worden, aber das Risiko sei immer da gewesen.

Einmal nahmen sie während einer Patrouille zwei Männer fest. Ziad und Jabbel. Trotz Ausgangssperre waren sie auf der Straße unterwegs gewesen. »Wir kontrollierten ihre Ausweise und verbanden ihnen auf Befehl des Kommandanten die Augen und fesselten sie.« Dann sagte der Kommandant, die Soldaten sollten Ziad und Jabbel in die Armeebasis bringen. Um ihnen beizubringen, die Ausgangssperre nie wieder zu verletzen. Schaul berichtet: »Wir entschieden, eine Geburtstagsparty für sie auszurichten. Natürlich hatten sie gar nicht Geburtstag, aber wir wollten irgendetwas mit ihnen machen.« Stundenlang saßen die beiden da, gefesselt und mit verbundenen Augen, die Soldaten sangen Geburtstagslieder und setzten ihnen Essen vor. »Wir machten ein großes Fest für sie. Heute sage ich: Es war einfach nur zynisch, wie wir mit ihnen umgegangen sind.« Er erzählt, wie sie mit den schweren Armeefahrzeugen Autos platt walzten, die am Straßenrand parkten. Manchmal war es ein Befehl, manchmal taten sie es einfach so. »Und ich sage dir: Es machte uns einen riesigen Spaß. Du kannst es tun, also tust du es.«

So wie Schaul es erzählt, klingt es, als habe man dagegen gar nicht aufbegehren können. Manchmal hat man das Gefühl, er mache es sich zu einfach. Als wäre es ein Automatismus: Bist du Soldat, schaltest du dein Gehirn aus. War es so? War es die Macht, die sie als 18-Jährige in Uniform gegenüber anderen Menschen hatten? War es die Angst, die sie eigentlich hatten? Er weiß es nicht. Sie taten es einfach.

»Und wir dachten, wir seien die guten Soldaten. Die, die keinen Missbrauch betreiben. Wir waren blind, genauso wie die Palästinenser, denen wir die Augen verbunden hatten.«

An den Wochenenden, auf dem Heimweg, sagt er, sei es gewesen, als lege er eine andere Schallplatte auf. Er verwandelte sich in den netten Jungen, saß in Cafés, traf Freunde und ging ins Kino. Über das, was er unter der Woche tat, wurde nicht geredet. »Du feuerst die ganze Zeit Granaten in palästinensische Wohnviertel, dann besteigst du den Bus nach Hause und packst diese Persönlichkeit weg. Die israelische Gesellschaft verlangt von dir, dass du dich normal verhältst, lächelst und nicht darüber redest. Am Montag ziehst du die Uniform an, betrittst die besetzten Gebiete und bist wieder das Monster.«

Heute redet er darüber. Er ist nicht nach Indien gefahren, lag nicht im Drogenrausch am Strand. Er glaubt nicht, dass das die Lösung ist. Er bricht das kollektive Schweigen. Es ist wie eine Therapie. Für ihn selbst. Aber nicht nur. Er glaubt, dass die gesamte israelische Gesellschaft diese Therapie dringend benötigt: »Sie hat ihre moralischen und legalen Grenzen längst überschritten. Es ist ein Verfall von den Wurzeln her. Wir leben zwischen Mauern des Selbstbetrugs.«

Yehuda Schaul will Schluss machen damit. Und wenn ihm jemand entgegnet, die geschilderten Fälle seien Ausnahmen, dann antwortet er, dass es keine Ausnahmen sind, sondern das Resultat der Besatzung. »Wir müssen Schluss machen damit. Bis zum letzten Siedler müssen wir das Westjordanland verlassen«, sagt er. Er weiß, dass das in einen Bürgerkrieg führen könnte, »aber so lange die Besatzung andauert, wird Israel keine wirkliche demokratische Gesellschaft sein.«

Die Grenzen der Freiheit

Am 12. September zog der israelische Brigadegeneral Avi Kochavi das Tor des Grenzübergangs Kissufim hinter sich zu. Er war der letzte Israeli, der nach dem Abzug aus allen 21 jüdischen Siedlungen den Gaza-Streifen verließ. Mit der Verriegelung des Übergangs, über den bis dahin die Siedler ein und aus gefahren waren, war die 38 Jahre währende israelische Besatzung im Gaza-Streifen beendet.

Bleiben also 1,4 Millionen Palästinenser hinter einem Zaun. Wer zu ihnen will, muss durch den Erez-Übergang am nördlichen Rand des Gaza-Streifens.

Erez ist ein Punkt auf jeder Fahrt von Israel nach Gaza, weil die Passage nicht einfach ein Übergang von Israel auf palästinensisches Gebiet ist. Erez ist eine Passage, die einem immer wieder den Eindruck vermittelt, durch einen langen, dunklen Tunnel in ein finsteres Tal zu gehen. Man geht nicht einfach so durch den Erez-Übergang. Erez verbreitet schon vorher ein mulmiges Gefühl und trägt viel dazu bei, dass sich der Besucher im Gaza-Streifen tatsächlich eingesperrt vorkommt. Auch wenn man, anders als die Bewohner des Gaza-Streifens, einen Pass hat, der einem die freie Ausreise garantiert.

Nach der Gepäckkontrolle durchquert man ein Ungetüm aus Beton und Stacheldraht. Kameras verfolgen scheinbar wie von selbst jede Bewegung des Passanten, Befehle werden aus Lautsprecherboxen geschnarrt, dass man sie kaum versteht. Nie weiß man genau, wo entlang man gehen soll in diesem Gewirr aus umzäunten Wegen. Das ist beklemmend, weil man sich beobachtet fühlt und das dumpfe Gefühl hat, ein falscher Schritt könnte missverstanden werden. Es gibt stählerne Drehtüren und ein Tor, das plötzlich surrend aufspringt, wenn man davor steht. Dann endlich erreicht man einen langen, düsteren Gang. An seinem Ende, mehrere hundert Meter von dem letzten israelischen Posten entfernt, sitzen Dutzende palästinensische Uniformierte, von denen einer mit sehr viel Akribie Namen, Passnummer, Herkunftsland und Reiseziel in eine Liste einträgt. Dort wird mit einer Lächerlichkeit der Verwaltungsaufwand eines bürokratisierten Staates demonstriert, der noch gar nicht existiert. Irgendwie, hat man das Gefühl, dient der fleißige Passdaten-Notierer nur der Selbstvergewisserung der Palästinenser, dass sie immerhin schon auf dem Weg dorthin sind.

Die Einreise nimmt etwa eine halbe Stunde Zeit in Anspruch (wenn man den richtigen Pass hat), dann steht man auf einem staubigen Platz. Über einer Baracke ist ein Schild montiert mit der Aufschrift ›Media Center‹. Darin liegen ein Mann, eine Frau und zwei Kinder, verteilt auf mehrere zusammengeschobene Stühle. Media Center passt, weil der Mann für eine palästinensische Nachrichtenagentur arbeitet und zu einer Recherche nach Ägypten möchte; seine Frau und die Kinder begleiten ihn. Wären sie einige Tage früher aufgebrochen, hätten sie vom Gaza-Streifen direkt nach Ägypten ausreisen können. Nach dem Rückzug der Israelis war der Übergang in Rafah für kurze Zeit offen. Doch die Reiselust war so groß, dass es ein Chaos gab. Israel intervenierte, bis die Palästinenser die Grenze wieder schlossen. Also muss die Familie des Journalisten über Israel ausreisen, seit vier Stunden warten sie bereits, um Erez zu überwinden, die erste Hürde auf ihrem Weg.

Ankunft also im Gaza-Streifen, der jetzt ein Stück Freiheit gewonnen hat, aber eben nur ein sehr beschränktes Stück, wie an der wartenden Familie im Media Center zu sehen ist.

Der Gaza-Streifen, kurz nach dem Ende der israelischen Besatzung. Es ist ein Besuch bei Menschen, die sich jetzt zumindest auf dem schmalen, sandigen Stück Land, das die Israelis vollständig verlassen haben, frei bewegen können, die sich aber noch oft wie in einem Gefängnis fühlen. Immerhin: Hoffnung breitet sich auch aus, wenn auch noch schüchtern.

»Du kannst dir gar nicht vorstellen, wie sehr wir das genießen. Es ist kein einziger Israeli mehr hier. Wir können überall hingehen, ohne Angst zu haben«, sagt zum Beispiel Ines Saqa. Zwar hat sie es noch nicht ausprobiert, aber wenn sie wollte, könnte sie die 50 Kilometer von Gaza-Stadt nach Rafah ganz im Süden ohne Hindernis zurücklegen. Früher musste man Umwege fahren und an Checkpoints warten, weil die jüdischen Siedlungen im Weg waren.

Ines Saqa ist Schauspielerin, 27 Jahre alt und Mutter von vier Kindern. Es ist eine neue Zeit angebrochen, deren Schwung sie nutzen will, um am liebsten die ganze konservative, religiöse Gesellschaft des Gaza-Streifens zu verändern. Mit Freunden will sie in Gaza-Stadt ein Kulturzentrum eröffnen, einen Ort vor allem für Jugendliche, um ihnen Abwechslung von einem Leben zu bieten, das bislang für sie nicht viel bereithält.

Ines hat sich ihre Freiheit von der oft einengenden inneren Welt Gazas schon erkämpft. Mit 16 Jahren wurde sie mit einem Mann verheiratet, den sie nicht kannte und den sie nicht heiraten wollte. »Ich habe mich gewehrt, aber die Familie war stärker.« Vier Kinder hat sie mit diesem Mann, mit dem sie nur noch zum Schein zusammenlebt. Wegen der Kinder, wie sie sagt, aber schon lange in getrennten Räumen derselben Wohnung. »Ich wollte ins Ausland und studieren, ich wollte so vieles machen.« Stattdessen wurde sie in ein Leben geworfen, wie es sich in der religiös-konservativen Gesellschaft Gazas irgendwie gehört. Ines hat sich daraus befreit und ein Leben begonnen, das sie schon lange leben wollte. Sie hat ihr Studium abgeschlossen und Schauspielkurse besucht. Einmal hat sie in Anton Tschechows ›Der Bär‹ mitgespielt, was eine ziemliche Sensation für eine junge Frau im Gaza-Streifen ist, zumal auf der Bühne gesoffen wurde.

»Jetzt habe ich das Gefühl, dass ich machen kann, was ich will«, sagt sie. Sie fühlt sich respektiert von ihren Brüdern und ihrem Onkel, die das Sagen in ihrer Familie haben, seitdem der Vater von Ines vor zehn Jahren gestorben ist. Ihrer Mutter hat sie sogar verraten, dass sie seit vier Jahren mit Moneim zusammen ist, und ihre Mutter hat es akzeptiert. »Sie versteht es, weil sie weiß, wie wichtig es ist, glücklich zu sein in einer Beziehung. Sie war es auch und vermisst meinen Vater sehr.«

Moneim sitzt neben Ines unter Olivenbäumen in einem Garten, der von hohen Mauern vor Blicken geschützt ist, die nicht alles sehen sollen. Der Garten gehört zu dem Haus, in dem Ines und Moneim und andere das Kulturzentrum eröffnen wollen. »Hier ist Paris, draußen auf der Straße ist Hamas«, sagt Moneim, 34 Jahre alt, und streichelt Ines wie zum Beweis zärtlich über den Arm. Draußen dürfte er das nicht, Ines dürfte keinen nackten Arm zeigen, und ein Kopftuch müsste sie auch tragen. Als sie den Garten betreten hat, hat sie es sofort abgestreift, darunter kamen hennarot gefärbte Haare hervor, die in dicken Locken um ihren Kopf schaukeln.

Draußen ist Hamas, und in diesem Haus soll bald etwas entstehen, mit dem sie dem religiösen Eifer der Hamas, die im Gaza-Streifen so mächtig ist, etwas entgegensetzen wollen.

Paris, hat Moneim gesagt, sei in dem Garten, weil Paris für ihn die große, weite Welt ist. Dort hat er mehrere Jahre gelebt, nahm als Sänger vier CDs auf und lebte mit einer Frau zusammen, mit der er ein Kind hat.

Paris war das freie Leben mit vielen Möglichkeiten, deshalb ist Paris die Überschrift für das, was in ihrem Zentrum passieren soll.

Sie wollen Schauspielkurse anbieten und Musikunterricht. Mohammed, ein gemeinsamer Freund, ist Maler. Er hat mit einem Stipendium sechs Monate in Paris studiert und will in dem Zentrum Malerei unterrichten. Moneim denkt an Hip Hop-Bands aus Mädchen und Jungen, um zu zeigen, dass es nichts Verbotenes oder Schlechtes ist, wenn sie etwas zusammen machen.

»Es gibt nichts für Kinder und Jugendliche«, erklärt Ines. Dass es schwierig werden könnte, hinter den Mauern ihres Gartens wirklich so etwas entstehen zu lassen, wissen sie. »Das Leben hier ist so hart. Die Leute haben nicht genug zu essen, die Hamas ist stark und unterstützt sie, wenn sie dafür nach den religiösen Regeln leben, aber die Religion sperrt sie in ein Gefängnis.«

»Wir sind auch Muslime«, sagt Moneim, »aber muss man deshalb leben wie die Hamas? Ich kann mir nicht vorstellen, dass Mohammed so konservativ wäre. Säße er hier, würde er mit uns rauchen und singen, wenn ich auf der Oud spiele. Er wäre bestimmt ein sportlicher Typ und würde ein gutes Shampoo benutzen.«

Moneim ist jedenfalls zuversichtlich, den Kindern und Jugendlichen schon bald etwas anbieten zu können.

»Wenn ich mir ein Ziel gesetzt habe, dann erreiche ich es auch«, sagt er.

Zur Zeit ist er dabei, die Mauer, die den Garten umschließt, in einem warmen Erdton zu verputzen. Mit den bloßen Händen macht er das, sie sind schon ganz wund. Morgen oder übermorgen will er fertig sein. Dann sieht das zukünftige Kulturzentrum schon mal etwas freundlicher aus. Einen Namen haben sie auch gefunden: ›Hodasch‹ soll es heißen, Zelt der Liebe. Gerade ist ein Freund dabei, ein Logo dafür zu entwerfen.

Ihr Garten ist der Treffpunkt zu einer Fahrt mit unbekanntem Ziel. Jemand hat einen Kontakt zu einem Kämpfer der Al Aksa-Brigaden hergestellt, dem bewaffneten Arm der regierenden Fatah-Bewegung. Er will Auskunft darüber geben, wie er die Zukunft für den Gaza-Streifen sieht. Es gilt strenge Geheimhaltung.

Die Fahrt geht über rumpelige Straßen, die das Verkehrschaos aus Eselskarren und rußenden Autos nur mit Mühen ertragen. Die Stadt ist ein stinkendes Meer aus grauen Häusern. Auch nach dem Abzug bleibt der schmale Landstreifen eines der übervölkertsten Gebiete der Welt mit einer Arbeitslosenquote von mehr als 40 Prozent. Die Menschen im Gaza-Streifen sind die Ärmsten unter den Palästinensern, sie haben das schlechteste Wasser und die miserabelsten Aussichten, für alles, was ihre Zukunft betrifft.

Zwischen den Häusern von Gaza-Stadt sind Transparente über die Straßen gespannt: »Erst Gaza, dann Jerusalem und das Westjordanland« steht dort. Es sind die Reste der Jubeldemonstrationen zum Ende der israelischen Besatzung. An fast jedem Haus sind Fahnen gehisst, grüne der Hamas, schwarze des Islamischen Dschihad und gelbe der säkularen Fatah-Bewegung, die Jassir Arafat gegründet hatte und der sein Nachfolger Machmud Abbas vorsteht. Die letzten Wochen haben gezeigt, dass vor einem Machtkampf zwischen den verschiedenen Gruppen nicht mehr gewarnt werden muss, weil er längst voll entbrannt ist. Die Hamas hat vermummte und schwer bewaffnete Anhänger zu Triumphzügen durch die Straßen von Gaza-Stadt oder Khan Yunis geschickt. Sie haben kleine jüdische Siedlungen aus Pappe nachgebaut und unter frenetischem Jubel verbrannt. Sie wollten zeigen, dass der Rückzug Israels aus dem Gaza-Streifen der Verdienst ihres bewaffneten Kampfes ist. Die regierende Fatah dagegen hatte palästinensische Fähnchen schneidern lassen, damit die Gazianer mit ihnen winken.

Vor allem die Hamas will die neue Lage nutzen und sich noch stärker als einzige zuverlässige Kraft für palästinensische Interessen etablieren, auch im Hinblick auf die bald anstehenden Parlamentswahlen. Kompromisse, das ist die Botschaft, wird es mit ihr nicht geben. Der Kampf geht weiter. Die radikalen Islamisten sind im Gaza-Streifen angesehen, weil sie entschlossen gegen den, wie sie sagen, »zionistischen Feind« kämpfen und weil sie außerdem als aufopferungsvolle Organisation gelten, die den Armen hilft und das große Ganze im Blick hat, nicht den Egoismus Einzelner, die nur Ämter und Geld untereinander verteilen wollen.

Korruption dagegen ist der stete Vorwurf gegen die Fatah, und Kritiker der regierenden säkularen Partei sagen, zwischen der alten Garde, also Arafats Leuten, und der jüngeren Generation gebe es keinen Unterschied.

Die einen wollen die Macht nicht aus den Händen geben, die anderen endlich daran beteiligt werden. Vor allem die Mitglieder der mit der Fatah verbundenen Al Aksa-Brigaden wollen für ihren Kampf gegen die israelische Besatzung belohnt werden, mit Geld oder mit Ämtern, am liebsten mit beidem. Letztes Opfer des Machtkampfes in der Fatah wurde Mussa Arafat, ein Cousin Jassirs und ehemaliger Sicherheitschef für den Gaza-Streifen. Er galt als der Korrupteste und Mächtigste der alten Garde, bis er in seinem Wohnhaus erschossen wurde.

Unser Kontaktmann fährt scheinbar ziellos durch das Häusermeer, an den ampellosen Kreuzungen erweist er sich als durchsetzungsstark, fast immer ist er es, der sich die Vorfahrt erdrängelt. Er habe mit fünf verschiedenen Leuten gesprochen, die ihn zu dem vereinbarten Treffpunkt mit dem Al Aksa-Mann leiten, sagt er. Man denkt schon die ganze Fahrt über an den Bericht eines italienischen Kollegen, der bei einer ähnlichen Recherche von Al Aksa-Brigadisten entführt wurde. Mit einigem Witz erzählte er, dass seine Entführer recht konfus gewesen seien, offenbar ohne einen festen Plan, wohin sie ihn bringen und was sie mit ihm tun sollten. Er nutzte die Situation und führte sein Interview auf dem Weg ins Versteck; er war es dann auch selbst, der über einen Anruf beim Chefredakteur seiner Zeitung erreichte, dass die Entführung überhaupt die von den Entführern gewünschte internationale Aufmerksamkeit bekam. Ihnen selbst war das nicht gelungen.

In der letzten Zeit sind mehrere Journalisten von Al Aksa-Brigaden entführt worden. Damit wollten diese ihrer Forderung nach Machtbeteiligung und Belohnung für den bewaffneten Kampf Nachdruck verleihen. Nicht jeder nimmt das so gelassen wie der italienische Kollege, der schließlich befreit wurde und eine schöne Geschichte im Block hatte.

Die UNO, gleichfalls von Entführern bedroht, hält nur noch ihre absolut notwendige Mindestbesetzung im Gaza-Streifen, der Deutsche Entwicklungsdienst hat seine Fachkräfte komplett abgezogen, um sie nicht zu gefährden. Als ein Taxi vorbeifährt und einmal kurz hupt, hoffen wir, dass der Al Aksa-Kämpfer heute keine Lust auf eine Entführung hat und einfach nur reden will. Das ist das Signal für die letzte Wegstrecke. Einfach folgen, das Taxi geleitet uns.

Treffpunkt ist eine enge Straße, irgendwo in Gaza-Stadt. Zwischen den dort geparkten Autos spielen Kinder, ein Mann steht vor der Tür und nickt kurz. Weitere Männer kommen aus verschiedenen Richtungen herbei, einer schwingt sich im Gehen ein recht monströses Gewehr über die Schultern. Durch ein unverputztes Treppenhaus geht es in den ersten Stock. Ein Raum, sieben braune Plastikstühle, ein Ventilator, ein Tisch mit Computer, fünf bärtige Männer, ein Gewehr. Salem Thabet heißt unser Mann, ein lichter Vollbart umspielt seine Backen, er trägt eine schwarze Weste und ein kariertes Hemd, das lässig über der grünlichen Anzughose hängt. Thabet wird von der israelischen Armee gesucht, ihm wird 25-facher Mord vorgeworfen. Unter anderem soll er im März 2004 zwei Männer losgeschickt haben, die sich im Hafen von Aschdod in die Luft sprengten und sechs Israelis umbrachten. Für die israelische Regierung war gerade dieses Attentat nicht nur wegen der Toten besonders bitter: Zum ersten Mal seit langem war es Terroristen gelungen, von dem umzäunten Gaza-Streifen auf israelisches Gebiet zu gelangen. Sie hatten sich in einem Hafencontainer herausgeschmuggelt.

Salem Thabet lebt im Untergrund, seinen Aufenthaltsort wechselt er häufig, seine Frau und die drei Kinder sieht er selten. »Die Israelis wollen mich töten«, sagt er, im Oktober

2004 kamen sie schon mal mit einem Bulldozer und zerstörten sein Haus.

»Wir haben gegen die Besatzung gekämpft, Gott sei Dank haben wir einen Sieg errungen.« Jetzt will er dafür belohnt werden. »Die Autonomiebehörde muss uns Jobs dafür geben, entweder bei der Polizei oder dem Militär.« Für 100 seiner Leute hat er bereits die Zusage für Arbeitsplätze bekommen, »aber in den nächsten Tagen müssen wir weiter verhandeln. Dann geht es um die Bezahlung.«

Während Thabet redet, sitzt einer seiner Männer am Computer und spielt einen Videofilm ab. Man sieht einen israelischen Armeejeep, der eine Patrouillenstraße entlang rast, plötzlich explodiert er und geht in einer Rauchwolke auf. Schnitt. Ein Haus wird gezeigt, vor dem ein israelischer Panzer mit gerecktem Kanonenrohr auffährt. Das Haus stürzt in sich zusammen. Schnitt. Eine Beerdigung. Ein Sarg, bedeckt mit der palästinensischen Flagge, wird durch eine Menschenmenge getragen. Menschen weinen. Schnitt. So geht es weiter. Thabet redet, und immer wieder fällt der Blick auf den Film. Vermummte Gestalten mit Maschinengewehren robben über ein Feld. Ein Ausbildungslager. Thabet sagt, man solle ihn nicht falsch verstehen, der Sieg sei nur ein Teilerfolg. »Nach dem Abzug aus dem Gaza-Streifen müssen wir weitermachen.« Auf dem Computerbildschirm füllt ein Vermummter gerade mit einem Teelöffel Pulver in einen flachen Gegenstand, ein Granatenbastler bei der Arbeit. Thabet erklärt: »Die Besatzung geht weiter, das Westjordanland muss befreit werden. Niemand kann uns stoppen.« Im Film werden frisch zusammengeschweißte Kassam-Raketen nebeneinander gestellt. Dünne schwarze Rohre, fertig zum Abfeuern auf Israel. Thabet wird gefragt, ob er einen Staat Israel akzeptieren kann. Er meint: »Wenn es einen Staat für uns im Gaza-Streifen und dem Westjordanland gibt, dann ja.« Nach einer kurzen Pause ergänzt er: »Es kann aber sein, dass du in einem Monat eine andere Antwort darauf kriegst.«

Der Film ist zu Ende. Thabet lässt sich die CD reichen und gibt sie an den Besucher aus Deutschland weiter. Auf dem selbstgemachten Cover steht »Früchte der Intifada«.

Dann schlägt er vor, ein Ausbildungslager zu besuchen. Er wolle da eh hin, um zu sehen, wie gut die Männer arbeiten.

Wieder geht die Fahrt durch Gaza-Stadt. Das Ziel ist das Flüchtlingslager Jabaliya. Ein sandiges Feld, vielleicht ein Fußballplatz, jetzt aber ein Kasernenhof. In fünf Reihen stehen hunderte junger Männer um den Platz herum. In Reih und Glied, wie es sich für straff organisierte Truppen gehört. Nur dass sie ihre staubigen Straßenklamotten tragen, passt nicht so recht ins Bild. Als Salem Thabet kommt, öffnet sich ihm eine Gasse, er tritt hindurch. Er steht mittendrin und lässt sich nicht anmerken, dass er entweder stolz ist oder sich wichtig fühlt oder beides. Es sind ja seine Kämpfer. 800 Männer sollen es sein, alle wohnen sie im Lager Jabaliya, sind Kinder oder Enkel von Palästinensern, die 1948 aus Israel geflüchtet sind. Alle paar Meter steht eine Art Vorturner vor den Männern. Das sind die Ausbilder. Sie tragen olivgrün und blasen präzise wie ein Uhrwerk und militärisch-kurz und abgehackt in ihre Trillerpfeifen. So treiben sie die Männer an, die mit jedem Pfiff einen Schritt nach links und einen Schritt nach rechts und immer so weiter machen. Einer der Ausbilder ist besonders engagiert und schwingt einen kräftigen Holzstock dazu. Auf seinem Kopf sitzt eine viel zu kleine tarnfarbene Kappe. Die Männer brüllen: »Wir werden zurückkehren«, sie sind ja Flüchtlinge, und immer wieder »Allahu akbar«, Gott ist groß. Es ist ein ziemlicher Lärm, dann wird auch noch eine Arafat-Rede eingespielt. Aus knackenden Lautsprechern dröhnt die Stimme des alten Helden, man hört gerade noch seine beschwörenden Schlussworte »Al Quds, Al Quds, Al Quds«, also Jerusalem, Jerusalem, Jerusalem, was ein fester Bestandteil aller seiner Reden war, dann ist sie auch schon wieder vorbei. Niemand hat zugehört, alle sind beschäftigt mit der Ausfallschrittübung auf Trillerpfeifenkommando, wohl

einem sehr grundlegenden Element zukünftiger Befreiungs-
kampfarbeit. Eigentlich muss man über dieses lärmige Chaos
im staubigen Sand lachen, weil einem das alles so absurd vorkommt. Dann denkt man aber an die entführten Kollegen und
die Ernsthaftigkeit, mit der die Männer diese Militärübung
vollziehen, und verzieht keine Miene.

Plötzlich steht ein Junge da und befreit eine winzige Flasche Pepsi-Cola aus einer schwarzen Plastiktüte. Die immer
wieder verblüffende arabische Gastfreundschaft funktioniert
auf diesem staubigen Feld wie bisher in jeder Wohnstube. Wo
immer man seine Gesprächspartner trifft, es gibt irgendetwas
möglichst Süßes zu trinken.

Dann kommt der Ausbildungsleiter und sagt: »Das ist ein
Teil unserer Armee. Für die jungen Männer ist es sehr wichtig,
in Zukunft ein Teil des Widerstandes des palästinensischen
Volkes gegen die Besatzung zu sein. Die Israelis verweigern
uns unsere Rechte, deshalb müssen wir Kämpfer ausbilden.
Der Kampf geht weiter, aber wenn Israel Frieden macht, werden diese Männer Männer des Friedens sein.«

Einen jungen Mann hat der Ausbildungsleiter mitgebracht,
er heißt Thaer und ist 22 Jahre alt. Seine Haare sind zurecht-
gegelt, ein schwarzes Hemd spannt sich über einen mus-
kulösen Körper. Er erzählt, dass seine Schwester vor ihrem
Haus von israelischen Soldaten beschossen wurde. Wie sieht
er seine Zukunft, nachdem der Gaza-Streifen nun ganz den
Palästinensern gehört? »Als Kämpfer. Etwas anderes kann ich
mir nicht vorstellen.«

Salem Thabet erklärt, er sei sehr zufrieden mit den jungen
Männern. Er spürt, dass sie motiviert sind und bereit für den
Kampf. Dann verabschiedet er sich wieder in sein Versteck.

Die Suche nach Hoffnung und vielleicht sogar Optimismus
ist nicht leicht im Gaza-Streifen, so kurz nach dem Abzug der
Israelis. Man hat eine Gruppe junger Leute kennen gelernt,
die den Schwung einer neuen Zeit spüren. Jetzt wollen sie es
wagen, der sittenstrengen Hamas und ihrem religiösen Eifer

etwas entgegenzusetzen, wenn auch vorerst nur hinter dem Schutz hoher Mauern. Man hat hunderte junger Männer gesehen, die sich auf einen Kampf gegen Israel vorbereiten und dabei sehr entschlossen wirken.

Hoffnung sieht anders aus, zum Beispiel wie das Hotel mit dem verheißungsvollen Namen ›Grand Palace‹. Mit seiner verspiegelten Fassade steht es wie ein Solitär an der Uferstraße von Gaza-Stadt, die eine Uferpromenade sein könnte, aber davon noch weit entfernt ist. Das Grand Palace ist ein Anfang, nicht unbedingt ein geschmackvoller, aber ein Zeichen dafür, dass jemand an die Zukunft des Gaza-Streifens als Touristenziel glaubt.

Zuher Geryes al Sayegh war sogar so optimistisch, mitten in der zweiten Intifada mit dem Bau des Hotels zu beginnen. »Es war ein großes Risiko, aber mir war klar: Dieses Haus würde ein Projekt für die Zukunft sein.« Er hofft, dass diese Zukunft jetzt beginnt und dass sie besser wird als es die Vergangenheit war. Al Sayegh, aus Gaza stammend und in Dubai lebend, empfängt in der Lobby seines Hotels. Ein langer, roter Teppich zieht sich wie ein Laufsteg für die Schönen und Reichen, die eines Tages darüber schweben sollen, durch den hohen, lichten Raum. Schwere, samtene Vorhänge fassen die Fenster ein. Schlanke Säulen mit wulstigen Kapitellen stützen die Galerie, um deren verschlungenes Geländer sich künstliches Weinlaub rankt. Al Sayegh lässt frisch gepressten Orangensaft auftragen und verweist auf das große Tiefkühllager, das immer noch frische Orangen bereithält, obwohl die nächste Ernte schon wieder bevorsteht. Dann will er durch sein Haus führen. Ein schneller Rundgang, denn bislang hat das Grand Palace nur 16 Zimmer auf vier Etagen. »Es ist für 15 Stockwerke konzipiert. Wenn der Frieden kommt, werden wir es aufstocken«, erwähnt er, und es klingt fast entschuldigend, dass sich sein Optimismus in nachvollziehbaren Grenzen bewegt. 16 Zimmer also, zwei davon mit Blick auf das Mittelmeer, alle mit Internetanschluss und Telefon sogar in den Badezimmern. »Das haben wir für Geschäftsleute gemacht, die überall erreichbar sein wollen«, sagt al Sayegh. Vor den Fenstern ist ein Tisch gedeckt, die Minibar ist gefüllt, Handtücher mit dem verschlungenen Hotellogo liegen bereit. Es fehlen nur die Gäste.

»Neulich war die BBC da, da waren wir auf einen Schlag ausgebucht.« Das kommt selten vor, eigentlich nur, wenn Journalisten kommen – und die kommen ja vor allem dann, wenn es etwas Schlechtes zu berichten gibt. Journalisten als Gäste zu haben ist also eher ein schlechtes Zeichen, aber natürlich ist jeder Gast willkommen im Grand Palace. Touristen, betont al Sayegh, das wäre die Zukunft, von der er träumt: »Wir haben hier nur das Meer, Gaza muss ein Ort für Touristen werden.« Auf die wartet er bislang aber vergeblich, und solange das Hotel meistens leer steht, ist es ein stilles Zeichen der Hoffnung. Die Zimmer werden alle zwei Tage durchgesaugt, die Rezeption ist besetzt, die Getränke in der Minibar werden kühl gehalten. Es soll alles gerichtet sein, falls jemand kommt.

Im Kellergeschoss öffnet al Sayegh die Tür zu einem Saal, in dem runde Tische vor einer pompösen Bühne stehen. »In der Zukunft, wenn der Frieden da ist, wird das die Parkgarage sein. Bis dahin nutzen wir den Raum als Saal für Hochzeiten und Verlobungsfeiern.« Im Sommer ist Hochzeitssaison, geheiratet wird viel, dadurch, sagt al Sayegh, können sie zumindest ihre Ausgaben decken. Wenn der Sommer vorbei ist und weniger geheiratet wird, zahlt er das Hotel und die Angestellten aus seiner Tasche. Er kann das, denn in Dubai ist er mit einer Baufirma reich geworden. Al Sayegh stammt aus einer angesehenen christlichen Familie im Gaza-Streifen, genauso wie seine Frau Victoria. Zum Studium ging er nach Alexandria, zum Arbeiten nach Dubai, weil es in Gaza keine Jobs gab. Von seiner Familie ist niemand im Gaza-Streifen geblieben; wer konnte, suchte nach 1967 sein Glück in der Ferne. Al

Sayeghs Geschwister leben in Boston und Graz, in Kanada und den Emiraten, seine Mutter ist bei ihm in Dubai. »Gaza war früher wirklich wunderschön«, sagt er, schöner als Beirut. Dabei gilt das unbestritten als die Perle des Nahen Ostens, zumindest vor dem libanesischen Bürgerkrieg. Damals habe es im Gaza-Streifen gerade mal 700 000 Einwohner gegeben, heute sind es doppelt so viele. »Und es waren alles wohlhabende Familien, die in großen, schönen Häusern lebten.«

Er weiß, dass es niemals wieder so werden wird wie damals, aber er will seinen Teil dazu beitragen, dass es bald besser wird als jetzt. Sein Hotel steht, es kann aufgestockt werden, und er ist entschlossen, weiter auf die Touristen zu warten. Er weiß auch von anderen wohlhabenden Gazianern, die Geld in ihrer Heimat investieren wollen. »Das ist jetzt wichtig, die Leute hier brauchen Arbeit und Perspektive«, erklärt er. Er versteht nur nicht, warum die anderen so zögerlich sind. Ein bisschen, findet er, muss man der Zukunft schon auf die Sprünge helfen.

Drei Monate haben die al Sayeghs jetzt im Gaza-Streifen verbracht, den Sommer über, wie jedes Jahr. Wenn der Grenzübergang vom Gaza-Streifen nach Ägypten wieder geöffnet ist, will er mit seiner Frau zurück nach Dubai. Zur Zeit ist der Grenzübergang auf Druck der israelischen Regierung noch geschlossen. Sie befürchtet, die Palästinenser würden ihn nicht richtig kontrollieren, und es könnten Waffen und Sprengstoff in den Gaza-Streifen geschmuggelt werden. Wenn die al Sayeghs ausreisen können, wird Zuher wieder weit weg von Gaza-Stadt und seinem Hotel sein. Er wird aber jeden Tag den Manager anrufen und fragen, ob Gäste da waren.

Gäste. Kann man auch von Gästen sprechen, wenn man Khalil Baschirs Geschichte erzählt? Wohl kaum, obwohl er viereinhalb Jahre Besuch in seinem Haus hatte. Nur dass der einfach so kam, ohne dass Khalil Baschir ihn eingeladen oder hereingebeten hatte, und dann benahm sich der Besuch schlecht und blieb, bis die Besatzung des Gaza-Streifens vorbei war. Das Haus der Baschirs diente der israelischen Armee als Militärbasis und als Wachturm, um die benachbarte jüdische Siedlung Kfar Darom zu schützen. Auf dem Dach und in den oberen Stockwerken seines Hauses saßen die Soldaten, im Erdgeschoss durften sich die Baschirs aufhalten.

Wie es dazu kam und wie es war, all die Jahre, erzählt Baschir, 54 Jahre alt, auf der Terrasse seines Hauses. Ein kleines Tischchen hat er hingestellt, darauf ist ein Tablett mit süßen Backwaren und kleinen Tassen für Kaffee. Er genießt es, Leute zu empfangen. Bis vor kurzem ging das nicht. Weil es der Dauerbesuch in seinem Haus nicht akzeptierte.

Das Haus von Khalil Baschir steht am Rande der palästinensischen Stadt Dir el Balah. Nur etwa 50 Meter entfernt standen bis vor kurzem die ersten Häuser der Siedlung Kfar Darom. Nach Aufgabe der Siedlungen im Gaza-Streifen rückten Bulldozer an und zerstörten die Häuser.

Der israelischen Armee, die für die Bewachung und den Schutz der Siedlungen zuständig war, stand das Haus zu nah an der Siedlung. Wer auf das Dach stieg, hätte ohne Probleme mitten nach Kfar Darom schießen können. Mehrfach, sagt Baschir, habe die Armee verlangt, er solle das Haus mitsamt seiner Frau und den acht Kindern verlassen. Er weigerte sich. Als im Herbst des Jahres 2000 die zweite Intifada begann, kam ein Brief ins Haus. Der Ton wurde schärfer: Fortan sei es ihm verboten, Besucher in sein Haus zu lassen. Im zweiten und dritten Stockwerk sollten die Fenster verschlossen werden, niemand dürfe nach oben gehen. »Ich sagte: ›Ich werde alles tun, aber ich werde mein Haus nicht verlassen.‹«

Jetzt, da die Besatzung des Gaza-Streifens im Allgemeinen und die des Hauses der Baschirs im Besonderen zu Ende ist, wird klar: Er hat es wahr gemacht. Er hat alles getan, nur nicht sein Haus verlassen.

Im Oktober 2000 wurde das erste Mal heftig geschossen. Baschir weiß nicht warum. Die Schüsse kamen von der Armeebasis hinter dem Haus, ein Geschoss blieb in der Außenmauer stecken. Man sieht es immer noch. Baschir hat es da gelassen, als eine Art Mahnmal. »Wir wurden zu Flüchtlingen in unserem eigenen Haus«, sagt er. Sie zogen alle zusammen in einen Raum, der im Inneren lag und dickere Wände hatte. Von dem Tag an ihr Luftschutzbunker, wenn geschossen wurde. Das kam oft vor, und eigentlich blieb die Familie fast die ganze Zeit in dem Raum.

Es schien bereits unerträglich zu sein. Verwandte und Freunde beknieten ihn, das Haus zu verlassen, das sei doch viel sicherer. »Aber ich weigerte mich, aus drei Gründen: Erstens liebe ich mein Haus. Zweitens wollte ich nicht zum Flüchtling werden. Drittens war meine Angst vor der Geschichte größer als die Angst vor den Israelis. Was hätte ich meinen Kindern sagen sollen, wenn sie mich später gefragt hätten, warum ich nicht in unserem Haus geblieben bin?« Die Baschirs blieben also, die Fenster in den oberen Stockwerken waren verrammelt, die Wäsche wurde nicht mehr zum Trocknen aufs Dach gehängt, sondern ins Wohnzimmer. Dann kam ein Fernsehteam von CNN. Sie wollten das Leben der Baschirs, das sich ja nur noch in einem Zimmer des Hauses abspielte, filmen. Eigentlich durfte niemand ins Haus gelassen werden, aber bei einem Fernsehteam von CNN, dachte Khalil Baschir, könne er eine Ausnahme machen. »Dummerweise ging eine Frau mit der Kamera nach oben. Als die Soldaten sie sahen, kamen sie zu uns und beschlagnahmten die Kassette. Der Kommandant war außer sich vor Wut und brüllte mich an, wer diese Leute ins Haus gelassen habe«, erzählt er. Baschir antwortete, sie seien seine Gäste, er habe sie hereingebeten. Die Reaktion des Kommandanten: Ab sofort werde das Haus der Familie Baschir geteilt. In eine Zone A, die zum Teil der Familie zur Verfügung stehen würde, und in eine Zone B und C für die israelische Armee. Die CNN-Leute, die die ganze Zeit dabeistanden, mussten dann gehen. Zum Abschied sagte Khalil Baschir: »Jetzt lasst ihr uns hier alleine mit den Israelis.« Es sollte ein Witz sein, aber schon in der folgenden Nacht wurde es wahr.

»Die Soldaten stellten eine Leiter ans Haus und besetzten den zweiten und dritten Stock. Auf dem Dach saßen sie auch«, erzählt Baschir. Als ihm klar wurde, dass sie nicht gehen würden, bat er seinen Freund Rudolf Walther in Deutschland um Hilfe. Walther finanziert aus seinem Vermögen die Schule, deren Direktor Khalil Baschir ist. Der Freund wandte sich an Joschka Fischer, der wiederum trug Schimon Peres die Geschichte vor. So jedenfalls erzählt es Baschir. Und dann kam die Antwort von Walther zu ihm in sein besetztes Haus: Die Israelis würden seiner Familie nichts antun, das Haus sei jetzt eine Militärbasis. Daran könne nichts geändert werden. Irgendwann stand dann auch ein Panzer direkt neben dem Haus, das Kanonenrohr aufs Haus gerichtet. Das Leben wurde gefährlich für die Familie, die trotz allem blieb. Einmal flog eine Granate durchs Fenster seines Arbeitszimmers. Khalil Baschir saß gerade am Schreibtisch und überlebte wie durch ein Wunder. Ein anderes Mal wurde einer seiner Söhne auf der Auffahrt vor dem Haus von einem israelischen Scharfschützen in den Rücken geschossen und musste monatelang in einem israelischen Krankenhaus behandelt werden.

Bis zum Ende der Besatzung blieb es so für die Baschirs. Sie waren Fremde in ihrem eigenen Haus, teilweise nachts eingesperrt in dem einen Zimmer, das ihnen einen Rest an Privatleben bot. »Wenn einer von uns ins Badezimmer wollte, mussten wir um Erlaubnis fragen und die Türe offen stehen lassen«, sagt Baschir. Als Mitte August 2005 der Abzug aus den jüdischen Siedlungen begann, endete ein Alptraum, aber er ging nicht zu Ende, ohne dass er noch einmal schlimmer wurde. »Von da an waren die Soldaten Tag und Nacht bei uns unten«, erzählt Baschir. »Sie lagerten auf dem Boden und schliefen in unseren Betten. Sie vertrieben sich die Zeit mit Kartenspielen und Schach, sie benutzten unser Badezimmer.«

Erst am Morgen des 10. September war es endgültig vorbei. Die Soldaten packten ihre Sachen und gingen, ohne ein Wort zu sagen. In der Nacht darauf wurde der Panzer weggefahren. »Seitdem sind wir in Freiheit«, sagt Baschir.

Er ist als Erstes auf das Dach seines Hauses gestiegen und hat eine Satellitenschüssel angeschraubt, fast fünf Jahre hatten sie kein Fernsehen. Als Nächstes müssen sie aufräumen, weil die Soldaten Müll und andere stinkende Hinterlassenschaften dagelassen haben. Irgendwann dürfte dann wieder Normalität herrschen im Leben der Baschirs. Aber wie sieht es in ihren Köpfen aus?

Für sich selbst kann Khalil Baschir sagen, dass er den Israelis schon vergeben hat. Das Wichtigste ist ihm ja geblieben, sein Haus und sein Land. Vor der Geschichte muss er sich keine Sorgen mehr machen. »Jetzt müssen wir an unsere Zukunft und an die unserer Kinder denken. Wir müssen uns von Vergeltungsgedanken verabschieden und die Israelis sich von den Träumen, ein anderes Volk zu beherrschen. Den Frieden können wir nur gemeinsam hinbekommen.« Und sein Sohn, dem ein Soldat in den Rücken geschossen hat? Der ist gerade von einer Sommerfreizeit aus den USA zurück, zu der die Organisation ›Samen des Friedens‹ israelische und palästinensische Jugendliche eingeladen hatte.

Khalil Baschir sagt das so, als sei es die normalste Sache der Welt, so einfach weiterleben zu können, nach allem, was er, seine Frau und die Kinder erlebt haben in ihrem Haus. Man wünscht ihnen, dass es ihnen gelingt.

Alles liegt so eng beieinander im Gaza-Streifen, nicht nur räumlich. Und so darf man sich nicht wundern, dass in dem Moment, als Khalil Baschir seine versöhnlichen Worte gefunden hat, auf den Trümmern der ehemals jüdischen Siedlung Kfar Darom eine Jubeldemonstration der Hamas beginnt. Vom Dach des Hauses der Baschirs sieht man, wie die Hamas-Anhänger zusammenströmen. Noch einmal werden sie es

111

feiern, dass sie die Israelis mit ihren tödlichen Waffen verjagt haben.

Wenige Wochen später sprengt sich in der israelischen Stadt Chadera ein Terrorist des Islamischen Dschihad in die Luft. Fünf Israelis werden getötet. Die israelische Luftwaffe fliegt darauf Angriffe auf Gaza-Stadt. Dabei sterben mehrere Männer, die für Anschläge in Israel verantwortlich gemacht werden. Darunter ein Kämpfer der Al Aksa-Brigaden und ein Hamas-Mitglied. Die Hamas spricht von einem »offenen Krieg« und denkt über ein Ende der Waffenruhe nach.

Hindernisparcours

Was für ein schöner Tag für ihre Hochzeit. Über Nacht haben sich die Wolken verzogen, jetzt scheint die Sonne; es ist warm, aber nicht heiß, und das, obwohl doch eigentlich noch Winter ist, der im Westjordanland sehr kalt sein kann und feucht. Dann verwandeln sich die Straßen in Flüsse, und jeder Weg wird beschwerlich.

Das Wetter spielt also mit, aber ob die Hochzeit heute wirklich stattfinden kann, ist fraglich: Seit zwei Stunden hängen Maha Ismail Saleh, die Braut, und Fadi Jbail, der Bräutigam, am Checkpoint Huwwara südlich von Nablus fest.

Huwwara ist ein grauer, staubiger Ort. Betonklötze begrenzen die Fahrspuren für Autos, Zäune trennen den Weg für Fußgänger ab. Plastiktüten haben sich darin verfangen. Huwwara ist der israelische Kontrollpunkt an der Hauptstraße zwischen Nablus und Ramallah. Jeden Tag ein Nadelöhr für Tausende Palästinenser. Eine Betonröhre mit einem Metalldetektor wie am Flughafen. Da muss jeder durch. Dahinter stehen schwer bewaffnete Soldaten und überprüfen Ausweise. Sie entscheiden, wer durchkommt und wer nicht. Andere überwachen die riesige Anlage von einem sandfarbenen Wachturm aus, die Gewehre haben sie schussbereit auf Sandsäcke gestützt.

Fadi, der Bräutigam, war morgens aus Ramallah hergekommen, um seine Braut Maha, deren jüngere Schwester Muna, ihren Bruder Khaled und seine zukünftige Schwiegermutter abzuholen. Da ließen ihn die Soldaten herein. Jetzt aber sagen sie, er dürfe nicht weitergehen, nicht zurück nach Ramallah. Den anderen haben sie nach zwei Stunden die Papiere zurückgegeben. Sie könnten gehen, haben die jungen Soldaten gesagt, kaum älter als 20 Jahre. Aber was sollen sie ohne Fadi, den Bräutigam, bei der Hochzeit? Maha sagt, sie hätte um elf Uhr beim Friseur in Ramallah sein sollen, der sollte ihr die Haare schön machen. Dann wollte sie das Brautkleid anziehen, um sechs Uhr abends sollte die Feier sein. Jetzt ist es schon zwölf Uhr durch, und sie stehen an einem Maschendrahtzaun, mitten im Checkpoint. Mahas Mutter hat ein paar Plastiktüten vor ihren Füßen stehen. Sie zuckt mit den Schultern. »Die Soldaten reden nicht mit uns. Können sie uns nicht helfen?«, fragt sie. Wenn sie wenigstens wüssten, was das Problem mit Fadi ist. Aber darüber gibt es keine Informationen, nicht für Fadi und für die anderen Männer, die mit ihm am Rande stehen, auch nicht. Ein junger Palästinenser ist verdächtig, egal, ob er an diesem Tag Bräutigam ist. Und stimmt das überhaupt? Erst vor ein paar Wochen hatte sich am Erez-Checkpoint am Gaza-Streifen eine Palästinenserin in die Luft gesprengt. Der Metalldetektor hatte gepiept, worauf sie den Soldaten ihr verbundenes Bein zeigte und sagte, sie trage dort nach einer Operation eine Metallplatte. Wenig später zündete die Frau einen Bombengürtel. Der Checkpoint flog in die Luft, vier Menschen starben.

Die Hochzeitsgesellschaft am Huwwara-Checkpoint ist Opfer dieses Misstrauens, das sich in dem langen Konflikt tief in die Menschen eingenistet hat.

Aber hätten Maha und Fadi nicht wissen müssen, dass die Checkpoints zum Hindernis werden können? Warum sind sie erst um halb neun losgegangen von zu Hause, wenn sie um elf in Ramallah sein wollten? Sie waren zu optimistisch, es ist unsere Hochzeit, da werden sie uns schon durchlassen, dachten sie.

60 Kilometer sind es von Nablus nach Ramallah. Wie lang die Fahrt normalerweise dauern würde, das zählt hier nicht. Wer sich als Palästinenser im Westjordanland bewegen will, muss die Checkpoints einkalkulieren. Das gehört dazu, so wie

man in Deutschland den Rückreiseverkehr am Sonntagnach-mittag auf den Autobahnen beachten sollte. Tut man es nicht, kann sich die Ankunft verzögern. Mit dem Unterschied, dass sich ein Verkehrsstau irgendwann auflöst, dass ein Palästi-nenser am Checkpoint aber auch nach mitunter stundenlan-gem Warten nicht weiß, ob er überhaupt durchgelassen wird.

56 solcher Checkpoints im Westjordanland, das Israel seit dem Sechstage-Krieg 1967 besetzt hält, und neun an den Übergängen zu dem israelischen Kernland unterhält die israe-lische Armee. Außerdem gibt es über 700 Straßenblockaden. Das sind von Bulldozern zusammengeschobene Wälle aus Steinen, Schutt und Erdreich oder Schranken, die Straßen zu Sackgassen werden lassen. Auf der Fahrt von Ramallah in den Norden des Westjordanlandes kommt man an vielen Dörfern vorbei, die keinen Zugang zu den Landstraßen haben.

All das hat das Westjordanland zu einem Hindernispar-cours werden lassen. Man kann nicht einfach vom Dorf in die nächste Stadt gehen, von einem Ort zum anderen, von zu Hause aufs Feld.

Israel begründet diese Maßnahme mit dem Schutz vor Selbstmordattentätern. Es soll den lebenden Bomben unmög-lich gemacht werden, Israel zu betreten und dort einen Bus oder ein Café in die Luft zu jagen. Es geht auch um die 246 000 jüdischen Siedler, die in umzäunten Siedlungen im Westjordanland wohnen. Sei es, weil sie als Einwanderer aus Russland kamen und der Staat ihnen dort eine billige Woh-nung gegeben hat, oder weil sie religiös sind und das bibli-sche Land Judäa und Samaria für sich beanspruchen. Manche finden die Umgebung auch einfach schön. Oder die Ruhe und die reine Luft. Sie müssen geschützt werden, also wird Paläs-tinensern durch die blockierten Dorfeingänge der Zugang zu den Straßen versperrt, damit die Siedler dort ihre Ruhe haben.

Israel hat die Kontrolle über den Verkehr im Westjordan-land und kann ihn unterbrechen oder Teile des Landes kom-plett absperren. Der Schutz vor Selbstmordattentätern, wer hätte dafür kein Verständnis? Bei den Palästinensern, die ihrem ganz normalen Alltag nachgehen wollen, schüren die Checkpoints und die Erdhaufen auf ihren Straßen allerdings den Hass auf die Besatzungsmacht. Sie haben das Gefühl, eingesperrt zu sein. Sie sehen nicht ein, warum sie sich in ihrem Land nicht frei bewegen dürfen.

Die israelische Menschenrechtsorganisation B'Tselem hat an diesem sonnigen Wintertag, an dem eigentlich Mahas und Fadis Hochzeit in Ramallah stattfinden soll, zu einer Fahrt durch das nördliche Westjordanland eingeladen. Najib und Eliezer steuern den gepanzerten Jeep über die Straßen. Ein schweres, weißes Fahrzeug, an dem Fahnen mit dem Schriftzug der Organisation flattern. Najib hat diese Fahrt schon oft gemacht: »Viel zu wenig ist über die Checkpoints bekannt«, sagt er. »Bei einer unserer letzten Touren hatten wir einen sehr prominenten israelischen Politiker an Bord. Er war bestürzt, als er sah, was wir ihm zeigten.« Der ehemalige israelische Soldat Liron Ron Furer beschreibt in seinem Buch ›Checkpoint-Syndrom‹, wie er durch den Dienst an den Kontrollposten zum Sadisten geworden ist. Er erzählt, wie er und seine Kameraden die Palästinenser, die sich ihrer Ansicht nach nicht höflich genug benahmen, wie Hunde auf allen Vieren kriechen ließen oder wie sie ihnen ins Gesicht schlugen. Wie sie grundlos die Reifen wartender Autos zerschossen. Das Buch ist in Israel schwer zu bekommen. Der Buchhandelsmonopolist Steimatzky hat zwar viel Platz für Bücher zum Nahost-Konflikt, weigert sich aber, das Buch von Furer in sein Sortiment zu nehmen.

Als wir den Huwwara-Checkpoint verlassen, steht die kleine Hochzeitsreisegruppe immer noch dort. Najib hat Khaleds Handynummer einem befreundeten arabischen Journalisten gegeben, der sich für den Fall interessiert. Eine Stunde später ruft er Najib an und berichtet, Fadi, Maha und ihre Familie hätten gerade den Checkpoint passieren dürfen. Eine Begründung haben sie nicht bekommen.

Auf dem Weg zum Deir Scharaf-Checkpoint, westlich von Nablus, kommen wir an einem Feldweg vorbei. Dort stehen zwei Betonklötze, ein zusammengeschobener Haufen Erde, eine geöffnete Schranke, bewacht von vier Soldaten. Mitten auf dem Weg steht ein Mann. Er hat seine Jacke ausgezogen, gerade hat er sein Hemd aus der Hose gezogen und zeigt den Soldaten seinen nackten Bauch. Dann winkt einer der Soldaten kurz mit der Hand. Der Mann darf weitergehen. Wir halten an. »Sie mussten die Jacke ausziehen und das Hemd hochstreifen. Warum?« »Die Soldaten wollten es. Sie checken mich jeden Tag.« »Müssen sie jeden Tag die Kleider ausziehen?« »Ja.« Der Mann spricht mit ruhiger Stimme. Er trägt ein hellblaues Hemd und eine schwarze Jacke, sein Vollbart ist kurz gestutzt. Er ist Arabisch-Lehrer an einer Grundschule in Iraq Burin, einem Dorf in der Nähe. Seit dem Beginn der zweiten Intifada im Herbst 2000, als der Frieden wieder in ganz weite Ferne rückte, läuft er jeden Tag von seinem Wohnort Asira Al-Qibliya zur Schule. Sieben Kilometer hin, sieben Kilometer zurück. Eine andere Möglichkeit hat er nicht, weil er mit seinem Auto die Straßen nicht befahren darf. Die Straßen sind fast ausnahmslos für jüdische Siedler reserviert. Einen Bus gibt es nicht. Jetzt ist der Mann auf dem Heimweg.

»Wie lange dauert die Kontrolle normalerweise?« »Unterschiedlich. Manchmal geht es schnell, manchmal sagen sie: ›Sit down‹, dann muss ich dort sitzen. Nach einer Stunde lassen sie mich gehen, manchmal nach zwei oder drei Stunden. Wenn er will, sagt der Soldat, ›geh zur Schule‹. Wenn er nicht will, sagt er, ›geh zurück, geh zurück nach Hause‹.« Das ist ihm am letzten Sonntag passiert. Er musste zurückgehen. Warum sie ihn manchmal nicht gehen lassen, weiß er nicht.

Nächstes Ziel ist der Deir Scharaf-Checkpoint. Er liegt an der Straße von Nablus nach Tulkarem. Am Checkpoint ist es um diese Zeit, um drei Uhr nachmittags, sehr voll. Mehrere hundert Leute warten, bis sie von den beiden Soldaten zur Kontrolle herangewunken werden. Jeder muss einzeln die

Strecke von der Wartelinie bis zum Metalldetektor und dann zu den Soldaten zurücklegen. Es kommt vor, dass es im Gedränge zu Unruhe kommt, sagt Najib, »dann schieben sich die Leute hin und her. Das macht die Soldaten nervös, nicht selten versuchen sie, gewaltsam für Ordnung zu sorgen.« Mit dem Gewehrkolben als Schlagstock, manchmal mit Tränengas. B'Tselem hat solche Fälle zuhauf dokumentiert.

Auf einem Betonpoller sitzt ein Mann, er heißt Nael Assad und wartet dort seit drei Stunden auf seine 70-jährige Mutter. »Sie hat Bluthochdruck und Rheuma in den Beinen. Heute morgen besuchten wir in Nablus den Arzt, jetzt waren wir auf dem Heimweg«, erzählt Assad. Um halb sechs in der Früh sind sie zu Hause weggegangen. Die Reise nach Nablus hat zwei Stunden gedauert. »Ein Bus hat uns bis hier gebracht, dann ging es zu Fuß über den Checkpoint, auf der anderen Seite nahmen wir einen anderen Bus.« Das ist der Weg von ihrem kleinen Dorf nach Nablus. 14 Kilometer. Morgens war alles gut gegangen. Der Rückweg ist das Problem. Mehrfach hat Assad versucht, seine Mutter auf dem Handy anzurufen, aber sie antwortet nicht. Er sagt, er werde weiter warten. Am Nachmittag sei es in Deir Scharaf immer voller. Assad hofft, dass seine Mutter die Hitze gut erträgt.

Wir fahren weiter in Richtung Tulkarem, auf der Straße 57 ist kaum Verkehr. Am Straßenrand steht ein gelber Kleinbus, eines der üblichen Sammeltaxen in den Palästinenser-Gebieten, die den Verkehr zwischen den Checkpoints regeln. Neben dem Taxi steht ein grüner Transporter mit Ladefläche, er ist halb im Schlamm versunken. Suher al Achras, der Taxifahrer, seine Passagiere und Saed, der Fahrer des Transporters, sind verzweifelt. Suher al Achras wollte auf einem Schleichweg ein paar Leute nach Jenin bringen. Die normale Straße darf er nicht benutzen, außerdem wollte er die Checkpoints umgehen. Soldaten haben beobachtet, wie sich der gelbe Kleinbus seinen Weg durch die Felder suchte, und ihn zu der Einmündung an die Hauptsraße zurückgeschickt. Dort haben sie ihm den Schlüssel abgenommen und sind verschwunden. Der Bus versperrt den Weg, den andere trotzdem nach Jenin benutzen wollen. Saed hat es mit seinem Transporter probiert, jetzt steckt er fest. Er muss weg. Wenn die Soldaten wiederkommen, fürchtet er, wird auch er bestraft. Ein anderer Transporter hält, aber er hat zu wenig Kraft, ihn herauszuziehen. Es dauert wieder eine Weile, dann kommt ein größerer LKW. Der Fahrer und Saed knüpfen ein Seil zwischen beide Fahrzeuge. Der LKW fährt an, beim ersten Versuch reißt das Seil. Dann schafft er es. Saeds Wagen hinterlässt tiefe Furchen im Schlamm. Das hält drei Männer in einem Peugeot nicht davon ab, es auch über diesen Weg nach Jenin zu versuchen. Anders kommen sie nicht an dem Checkpoint vorbei. Dort würden sie aber nicht durchgelassen, im schlimmsten Fall ihr Auto konfisziert, weil sie damit die Straßen nicht benutzen dürfen. Die Männer müssen sich beeilen. Sie wollen nicht erwischt werden. Schnell holen sie Hacken aus dem Kofferraum, schließen notdürftig die Furchen im Schlamm, schieben das Auto an, der Motor heult auf, Dreck spritzt nach hinten, das Auto droht zu kippen, geschafft. Rein ins Auto und ab. Zum Schluss steht nur noch das Taxi da. Suher muss warten, bis die Soldaten kommen. Sie werden kommen, das weiß er. Nur wann?

Tulkarem ist der letzte Ort vor der so genannten Grünen Linie, die das besetzte Westjordanland vom israelischen Kernland trennt. Die Straße endet vor einem Tor in einem mehrere Meter hohen Zaun. Es ist ein Teil der Sperranlage, die Israel teils als Zaun, teils als bis zu neun Meter hohe, nackte Betonmauer baut, um sich noch besser gegen Selbstmordattentäter zu schützen. Das ist die offizielle Begründung. Teilweise reicht die Anlage allerdings tief in das besetzte Gebiet, zerschneidet Dörfer und trennt Bauern von ihren Feldern. Das hat weniger mit dem Schutz vor Attentätern zu tun, sondern sieht eher nach einer formlosen Annektierung des Gebietes aus. Najib steuert den Wagen durch den Checkpoint. Wieder auf israelischem Gebiet. Die Fahrt geht auf der neuen Autobahn 6 nach Jerusalem zurück. »Keep your licence plate clean« steht auf gelben Schildern über der Straße. Die Nummernschilder der Autos werden fotografiert, Tage später kommt die Maut-Rechnung per Post ins Haus. Die Straße geht ein ganzes Stück entlang der Mauer. Der Verkehr fließt. Die Mauer sieht man von hier aus nicht. Die israelische Regierung hat einen Erdwall aufgeschüttet, der nackte Beton verschwindet dahinter. Bald wird der Erdwall begrünt sein. Man ahnt nicht, was sich dahinter verbirgt. Um diese Zeit schließen Checkpoints wie Huwwara und Deir Scharaf. Wer dann noch unterwegs ist, muss warten.

Als wir Jerusalem erreicht haben, sagt Najib, dies sei ein ganz normaler Tag im Westjordanland gewesen. Wir haben Dinge erlebt, die alltäglich sind. Aber es war noch harmlos: Es kommt vor, dass Krankenfahrzeuge am Checkpoint zu lange warten müssen. So lange, bis der Patient verstorben ist. Manchmal schenken die Checkpoints allerdings auch Leben. Während der Wartezeit von mehreren Stunden wurden schon Kinder geboren.

Wo ist das schöne Land?

Abu Ismail ist jetzt 75 Jahre alt. Seit 57 Jahren sehnt er sich dorthin zurück, von wo man ihn vertrieben hat. Aber es gibt kein Zurück, es gibt nur das Jetzt. Und das ist ziemlich trostlos. Reich gesegnet an Kindern ist er, das schon. Er ist gesund, für sein Alter noch flink auf den Beinen und bei wachem Kopf. Aber was zählt das, wenn einem das Wertvollste abhanden gekommen ist und man sich schon so lange danach sehnt, es wiederzubekommen?

Abu Ismail ist einer von über 900 000 palästinensischen Flüchtlingen, die sich 1948 auf eine lange Reise begeben haben und die nie wieder an den Ausgangspunkt zurückgekehrt sind. 1948 war das Jahr, in dem der Staat Israel gegründet wurde. Gegen den Willen der arabischen Staaten in der Region, die auf den Gründungsakt mit Zorn reagierten und dem jüdischen Staat am Tag nach seiner Entstehung den Krieg erklärten. Für sie endete der Kampf verheerend, sie wurden geschlagen, obwohl Israel noch nicht einmal eine richtige Armee hatte. Der Wille war entscheidend, und der war groß.

Abu Ismail war damals ein junger Mann. Beit Naballa war sein Zuhause. Ein Dorf, dessen Land sich von der Küstenebene bis dorthin erstreckte, wo das flache Land in die Berge Samarias übergeht. Nicht weit davon entfernt gab es damals einen nicht sehr großen Flughafen. Heute heißt er Ben Gurion-Flughafen, es ist der internationale Flughafen Israels, benannt nach dem, der damals den Staat ausgerufen hatte. Seine Start- und Landebahnen erstrecken sich ungefähr auf halbem Weg zwischen Tel Aviv und Jerusalem. Drumherum sind Industriegebiete entstanden, ein Netz von Schnellstraßen hat sich über das Land gelegt. Wo damals Wiesen und Felder waren, sind Dörfer und Städte gewachsen. Beit Naballa wurde in dem Krieg von 1948 zerstört, Abu Ismail verlor seine Heimat und sein Land. »Heute steht nur noch das Schulgebäude«, berichtet er. Von Geburt an heißt er Ibrahim Machmud Achmad Zaid. Abu Ismail wird er nach arabischer Sitte nach seinem ältesten Sohn genannt, Vater des Ismail also.

Es waren heiße Tage, als er das Haus seiner Familie und deren Land verlassen hat. Es begann die Zeit der Schmerzen, die bis heute nicht gelindert sind. Israel, der junge Staat, hatte mit dem Krieg seine erste Bewährungsprobe überstanden, und Abu Ismail trägt sein Leid seitdem durch sein Leben. Und nicht nur er leidet, sondern auch seine 20 Kinder und die inzwischen über 50 Enkelkinder. Sie alle sind in dem Bewusstsein aufgewachsen, dass man ihnen großes Unrecht zugefügt hat, das nur durch eines wieder genommen werden kann: durch die Rückkehr auf das eigene Land, in die Heimat.

Was mit den Flüchtlingen passiert, ist noch lange nicht geklärt. Es ist ein Fall für die so genannten Endstatusverhandlungen, also den Zeitpunkt, von dem an die israelische und die palästinensische Regierung über die größten Probleme verhandeln, um eine Lösung zu finden.

Wir sind mit Abu Ismail in seinem Haus im palästinensischen Flüchtlingslager Jalazon verabredet. Jalazon liegt ein Stück nördlich von Ramallah, vielleicht 20 Kilometer von Jerusalem entfernt. Unter normalen Umständen wäre es eine kurze Autofahrt von Ramallah nach Jalazon. Sie würde über die Nablus-Straße führen, eine uralte Verbindungsader, die das Westjordanland von Norden nach Süden durchschneidet. Seitdem mit der zweiten Intifada im September 2000 der bewaffnete Kampf der Palästinenser gegen die Besatzungsmacht schärfer geworden ist, versperren vier schwere Betonblöcke diese Straße am Ortsausgang von Ramallah. Zu nah führt sie an der jüdischen Siedlung Beth El und ihrem Militärstützpunkt entlang. Zu gefährlich ist das für Siedler und Soldaten, jedenfalls ist das die offizielle Begründung für die Straßensperre. Das Suchen von Alternativrouten gehört für die Palästinenser in ihrem zerschnittenen Land zum Alltag. Also haben sie sich einen Weg gebahnt, der über das westlich von Ramallah gelegene Dorf Surda und dann über steinige Felder und Wiesen führt. Diese Piste ist seitdem die Hauptverbindung für den Weg von der bevölkerungsreichen Mitte des Westjordanlandes in den Norden.

Der Weg ist staubig und holprig, übersät mit Schlaglöchern, die unserem kleinen Auto Schwierigkeiten machen. Langsam geht es voran, manchmal nur im Schritttempo. An einigen Stellen wird die Fahrt zur Millimeterarbeit, wenn eines der orangefarbenen Sammeltaxis entgegenkommt, die hier die Personenbeförderung übernommen haben und trotz der schlechten Straßenverhältnisse mit einiger Rasanz unterwegs sind.

Jalazon ist eines von 59 Flüchtlingslagern, in denen die seit 1949 operierende UNO-Unterorganisation UNRWA (United Nations Relief and Works Agency for Palestine Refugees in the Near East) eine notdürftige Grundversorgung mit Lebensmitteln und medizinischer Hilfe für die Flüchtlinge sicherstellt. Als Flüchtlinge gelten alle diejenigen, die zwischen Juni 1946 und Mai 1948 im damaligen britischen Mandatsgebiet Palästina lebten und infolge des arabisch-israelischen Krieges 1948 ihre Häuser und ihren Lebensunterhalt verloren haben. 914 000 Flüchtlinge wurden 1950 gezählt. Da ihr Status an ihre Nachfahren vererbt wird, ist die Zahl derer, die heute als Flüchtlinge gelten, auf über vier Millionen angestiegen. Zwei Drittel von ihnen leben außerhalb der Lager, die meisten allerdings nicht weit davon entfernt; ein Drittel der Flüchtlinge lebt in Lagern. Sie erstrecken sich über den gesamten Nahen Osten – jeweils zehn liegen in Syrien und Jordanien, im Libanon sind es zwölf, im Gaza-Streifen gibt es acht, im Westjordanland 19 Lager. Die Einwohnerzahlen reichen von klein, wie Mar Elias im Libanon mit 612 Bewohnern, bis groß wie Jabalia im Gaza-Streifen, wo über 100 000 Menschen leben. Jalazon hat etwas über 10 000 Einwohner.

Dorthin zu fahren – und eigentlich gilt das für jedes Lager –, heißt, sich in eine andere Welt zu begeben.

Flüchtlingslager sehen anders aus. Das beginnt bei den Straßen, die oft so eng sind, dass man mit dem Auto nicht weiterkommt. Manchmal sind es nur Gassen, aber wenn man in ihnen unterwegs ist, wecken sie keine Assoziationen zu den gemütlichen Gässchen unserer Altstädte. Flüchtlingslager sind junge Orte, erbaut für die Ärmsten der Armen. Am Anfang waren es Zeltdörfer, aufgeschlagen, um Heimatlosen eine Unterkunft zu geben. Die Zelte wichen einfachen Häusern, deren Außenwände mit nacktem Beton verputzt sind. Ihnen fehlt der helle, freundliche Stein, der in Ramallah und Bethlehem, in Jerusalem und überall in der Gegend vor die Mauern geblendet ist und die Häuser in der Sonne leuchten lässt. Flüchtlingslager sind enge Orte, in deren Straßen es auch am Tag düster ist. Es ist kein Platz da, ein Lager kann sich zu den Seiten hin nicht mehr ausdehnen, also wurden die Häuser aufgestockt. Die Enge nimmt diesen Orten das Licht.

Und noch etwas ist anders. Es ist das, was in den Häusern passiert oder: in den Köpfen der Menschen, in ihren Herzen oder wo sonst sie ihre Erinnerungen an das frühere Leben aufbewahren, die ihr Dasein auch 57 Jahre nach Al Nakba, der Katastrophe, bestimmen. So nennen sie das, was sich im Frühsommer 1948 abspielte, als Israel gegründet wurde, als der Krieg begann und sie ihre Heimatorte verließen. Vielleicht ist es alles das zusammen, die Enge, die Vergangenheit und die Armut, die in den Flüchtlingslagern so deutlich hervortritt – jedenfalls hat man das Gefühl, dass sich das alles zu einer trüben Masse vermengt, die sich wie eine Glocke über die Menschen gelegt hat. Etwas ist traurig dort.

Der älteste Sohn von Abu Ismail öffnet uns die beigefarbene Stahltür zum Haus der Familie. Sie führt auf einen schmalen Innenhof. Graue Plastikstühle werden zusammengeschoben, von der Treppe nach oben lugen Kinder durch die

Gitterstäbe des Geländers. Darunter ein Waschbecken, ein blinder Spiegel mit rotem Plastikrahmen, ein Handtuch, ein Stück weiße Seife, rohe, unverputzte Betonmauern. Daneben öffnet sich eine Tür zu einem Zimmer, in das eine Neonröhre kaltes Licht zittert. Ein Fernseher läuft, eine Frau nickt uns mit dem Kopf zu. Ein Tisch, ein Bett, jemand verschwindet in einem Nebenzimmer. Dann kommt Abu Ismail. Er war zum Mittagsgebet in der Moschee, jetzt tritt er in den Innenhof seines Hauses. Ein großer, schlanker Mann, gehüllt in ein bodenlanges, weißes Gewand. Der Kopf bedeckt mit einem weißen Tuch, das festgehalten wird von einer schwarzen Kordel. Darunter das Gesicht eines alten Mannes. Tiefe Falten, ein feiner Oberlippenbart, dunkle, tiefliegende Augen.

»Gehen wir nach oben.«

Dort sitzen wir in dem Empfangszimmer des Hauses, so wie es üblich ist in der arabischen Welt. Ein Raum, der dem Zusammensitzen dient, meist vollgestellt mit barocken Polstermöbeln, mit schweren Vorhängen vor den Fenstern, bunt gemusterten Teppichen und kleinen Holztischchen für Knabberzeug und Teegläser.

Abu Ismails Empfangsraum ist leer. Wieder werden graue Plastikstühle hingestellt, an den weiß gekalkten Wänden hängen Bilder von alpinen Landschaften. Ein Gebirgssee, eine Blumenwiese, ein Bergmassiv. Der älteste Sohn setzt den Ventilator in Gang, ein anderer stellt ein Tablett mit Plastikbechern voller orangefarbener, süßer Limonade auf einen Plastikschemel.

»Es war der 2. Juli 1948, als ich Flüchtling wurde. Damals war ich siebzehneinhalb Jahre alt«, sagt Abu Ismail. Wie ein Film, der ohne Vorspann anfängt, führt er mitten hinein in sein Leben. Seine Erzählung beginnt in einem Land des Übergangs. Es war das Palästina kurz nach dem Zweiten Weltkrieg, in dem sie ihren Anfang nimmt.

Immer wieder kam es dort zu Zusammenstößen zwischen arabischen bewaffneten Gruppen, Kräften der britischen Regierung und jüdischen Milizen, den Vorläufern der späteren israelischen Armee.

Die Unruhen erreichten einen neuen Höhepunkt, als zionistische Terroristen am 22. Juni 1946 einen Bombenanschlag auf das King David-Hotel in Jerusalem ausübten, den Sitz der britischen Mandatsverwaltung. Das Hotel wurde verwüstet, es gab 90 Tote. Großbritannien, das geschwächt war von den Folgen des Zweiten Weltkrieges, sah sich mehr und mehr außer Stande, die Lage in Palästina zu kontrollieren, und übertrug die Lösung des Palästina-Problems auf die neu gegründeten Vereinten Nationen.

Vor dem Hintergrund des Holocaust schien die Gründung eines jüdischen Staates mehr als folgerichtig zu sein. Die Vollversammlung der UNO verabschiedete am 29. November 1947 eine Resolution, die die Aufhebung des britischen Mandats, die Teilung des Landes in einen jüdischen und einen palästinensischen Staat und die Kontrolle über Jerusalem durch die internationale Gemeinschaft vorsah. Die Resolution bestimmte etwa 43 Prozent des Territoriums des Mandatsgebiets für den arabischen und 56 Prozent für den jüdischen Staat. Wegen der Ablehnung des so genannten Teilungsplans durch die Araber entspannte sich die Lage in Palästina nicht, sondern eskalierte. Vom Ende des Jahres 1947 an kam es zur militärischen Konfrontation mit bürgerkriegsähnlichen Zuständen. Die britische Regierung zog ihre Truppen früher als vorgesehen im Mai 1948 aus Palästina zurück. Darauf beschloss die jüdische Seite, die Resolution einseitig umzusetzen und rief am 14. Mai 1948 den Staat Israel aus.

Bereits in der Nacht zum 15. Mai griffen Truppen aus Ägypten, Transjordanien, Syrien, dem Irak und dem Libanon jüdische Stellungen an. Erst im März 1949 kam es zu einer Waffenruhe.

Israel hatte sein Gebiet um gut ein Drittel vergrößert und kontrollierte nun 76 Prozent des Territoriums anstelle der im Teilungsplan vorgesehenen 56 Prozent. Über 400 arabische

Dörfer wurden in diesem Krieg zerstört, eines davon hieß Beit Naballa. Das Dorf Abu Ismails.

Die Gründung eines palästinensischen Staates wurde nicht umgesetzt, stattdessen wurde das übrige Territorium aufgeteilt. Ägypten besetzte den Gaza-Streifen, Transjordanien, das heutige Jordanien, erhielt das Westjordanland und Ost-Jerusalem.

Hätte damals der Teilungsplan der Vereinten Nationen die Zustimmung der arabischen Staaten erhalten, hätte Abu Ismail von da an in einem palästinensischen Staat gelebt. Sein Dorf Beit Naballa hätte in der Nähe der Grenze zum Staat Israel gelegen. Weil es ganz anders kam, bekam sein Leben eine dramatische Wende.

»Ich sah sie kommen, aus allen Richtungen. Mit Flugzeugen und Panzern«, erzählt Abu Ismail. Zwischen 4000 und 5000 Menschen lebten in Beit Naballa, »die meisten davon gingen, einige junge Männer blieben, um das Dorf zu verteidigen. Auch manche der alten Leute blieben, sie konnten nicht weggehen und starben.« Gehörte er zu denen, die um das Dorf kämpften? Er habe eine Waffe gehabt, aber die Munition war zu teuer, »also warfen wir die Waffen weg und flüchteten«. Sie retteten sich in die nahen Berge, östlich des Dorfes. Dort harrten sie aus, mehrere Wochen lang. »Es war ein heißer Sommer. Unter der Sonne zogen wir umher. Wir suchten den Schatten der Bäume.« Sie hofften, nach dem Krieg zurückkehren zu können, »aber wir zogen weiter umher wie Nomaden«. Bevor der Regen kam, fanden sie Schutz in Dörfern der Gegend. Im Dezember 1948 schickte man sie in ein Lager im Jordantal in der Nähe von Jericho. Als es dort im Frühjahr zu heiß wurde, gingen sie in einen anderen Ort; Ende des Jahres 1949 wurde ihnen ein Stück Land in der Nähe des Ortes Jifna nahe Ramallah zugewiesen. Dort war ein Wald, es gab eine Quelle. »Die UNRWA suchte Leute zum Aufbauen der Zelte, dafür bekam man drei Kilo Mehl jeden Tag und Kleidung«, sagt Abu Ismail.

Das waren die ersten Tage des Flüchtlingslagers Jalazon. Jede Familie lebte in zwei Zelten; Abu Ismail war mit seiner Frau, seinem ersten Sohn Ismail und zwei Töchtern dorthin gelangt.

Es schien die Zeit gekommen zu sein, zu der sich Abu Ismail mit seiner Familie an einem anderen Ort einrichten musste. Sein Land schien verloren zu sein.

Jetzt sitzt der damals 17-Jährige in dem kargen Empfangszimmer seines Hauses in Jalazon. »Hier leben wir nun seit 55 Jahren. Was sie uns 1948 angetan haben, ist so hart für uns. Wir waren ruiniert. Ich wurde ein Nomade, ein Niemand.«

Er hat das Lager mit aufgebaut, sein Zelt stand dem Grundstück gegenüber, auf dem sich heute sein Haus befindet. Er gehörte zu den wenigen in Jalazon, die Glück hatten. Er bekam Arbeit bei der UNRWA. Kleine Tätigkeiten, putzen, Essen zubereiten und verteilen, beim Wachdienst. 1975 hatte er das Geld zusammen, um ein kleines Häuschen zu kaufen. 1986, nach 36 Jahren, hörte er auf, für die UNRWA zu arbeiten. Mit der Abfindung von knapp 10 000 Jordanischen Dinar konnte er das Haus ausbauen. Heute hat es drei enge Stockwerke, oben wohnen einige seiner Kinder mit ihren Familien. 30 Leute insgesamt in sechs Wohnungen. Im Erdgeschoss lebt er mit seiner dritten Frau, einer Tochter und zwei Söhnen, die noch unverheiratet sind.

Irgendwie scheint er sich doch dort eingerichtet zu haben. Aber in all den Jahren hat sein Hass nur noch zugenommen. Es ist ihm unverzeihlich, was passiert ist. »Es ist so traurig, wir hatten so ein gutes Leben, und heute leben wir von den Lebensmittelrationen, die man uns zuteilt. Wenn ich beim Fleischer vorbeikomme, kann ich dem Fleisch nur noch ›Guten Tag‹ sagen. Kaufen kann ich es nicht, weil ich es mir nicht leisten kann.« Die UNO, sagt er, hätte damals ihren Plan umsetzen müssen. Sie hätte Palästina teilen sollen, so wie sie es vorhatte. Er kann den Staat Israel nicht akzeptieren, »nur, wenn wir auf unserem Land leben können«. Dazu müsste Israel aber bereit sein, einen Teil des im Krieg von 1948 eroberten Landes zurückzugeben. Was übrig bliebe, wäre noch kleiner als das, was heute den Staat ausmacht. Es ist aussichtslos und fern jeder Realität, aber das kann Abu Ismail nicht einsehen. Er sitzt in seinem einfachen Haus, es ist alles, was er hat. »Und Israel bringt Leute aus der ganzen Welt dorthin, wo ich gelebt habe. Das kann ich nicht hinnehmen. Hätten wir gewusst, dass unser Leben so wird, wären wir besser gestorben.«

Was hat er zurückgelassen? Wie war das Leben in Beit Naballa?

»Für mich war es das Paradies, auch wenn wir arme Leute waren«, antwortet er. Er setzt zu einem langen Klagelied an, und man kann erahnen, dass es mit den Jahren, die seitdem vergangen sind, nicht an Trauer und Schmerz verloren hat. Eher im Gegenteil.

Er erzählt von einer Kuh, deren Milch sie tranken. Er spricht von mehreren Dutzend Hühnern, die um das einfache Haus herum im Boden scharrten und die Familie mit Eiern und manchmal auch Fleisch versorgten. Sie hatten Tauben, die sie aßen. Olivenbäume standen in dem Land der Küstenebene, er zählt die Namen der Ländereien auf, »Abu Schaban, Humaida, Albuze, Kar'ia, Alkhmas, Waska«, 70 bis 80 Dunam werden es gewesen sein, sagt er. Sieben oder acht Hektar. Jedes Jahr pressten sie 450 Liter Öl aus den Oliven, sie kochten Seife oder legten die Oliven ein. Dort wo das Land in die Berge überging, hatten sie Feigenbäume und Kakteen, Tomaten und Gurken, noch einmal drei Hektar.

»Das Leben war süß«, erzählt er, und das lag nicht nur an dem Honig, den ihre Bienen produzierten. »Als ich ein Kind war, bauten wir Sesam an. Bei der Ernte sammelte ich die Körner in meinem Hemd und aß sie.« Er rafft sein weißes Gewand zu einem Beutel und langt mit der rechten Hand hinein, als nähme er Sesamkörner heraus. Er führt die Hand zum Mund, als äße er davon. »Wie kann ich das vergessen?«, fragt er. Und heute? »Wir haben nichts – und sie haben alles.« Die Israelis haben ihm sein Land genommen, er wurde zum Opfer. Das ist die Gleichung seines Lebens geworden.

Abu Ismail trägt die Erlebnisse von damals mit sich herum wie eine Schatzkiste voller schöner Erinnerungen. Es sind die Geschichten, die er oft erzählt hat. Seinen Kindern vor allem, damit die Erinnerungen lebendig bleiben und durch die Generationen hindurch wie ein Anker das heutige Leben an die Vergangenheit ketten. Es soll niemals vergessen werden, wie schön das Leben einmal war, um wie vieles besser die Welt, in der sie lebten, und wie groß das Unrecht ist, das seitdem anhält. Die Nachfahren der Flüchtlinge haben nicht nur deren Status vererbt bekommen, der ihnen die Hilfe der UNRWA sichert, sondern sie haben in unzähligen Erzählstunden ihrer Eltern und Großeltern auch das Bewusstsein verinnerlicht, als Flüchtlinge die Opfer der großen Politik geworden zu sein. Aus dieser Position heraus werden auch sie erst zufrieden sein, wenn das Unrecht wiedergutgemacht ist. »Dieses Land zurückzubekommen ist nicht nur mein Recht. Es ist auch das Recht für meinen Sohn und dessen Sohn und alle, die ihm folgen. Niemand darf es weggeben.«

Abu Ismail bittet einen seiner Söhne dazu. »Erzähl' ihnen, was du dazu sagst.«

Hassan ist 20 Jahre alt. Er setzt sich auf einen der grauen Stühle und rutscht hin und her. Er trägt ein beigefarbenes T-Shirt und eine graue Jeanshose, die an den Oberschenkeln künstlich ausgebleicht ist. Hassan ist das einzige von Abu Ismails Kindern, das studiert. In Bir Zeit, dem nächsten Ort von Jalazon aus, liegt die älteste Universität des Westjordanlandes. Dort studiert er Informatik. Auch er klagt. Über das Haus, in dem es ihm schwer fällt, für sein Studium zu lernen. »Sieh es dir an, alles ist so eng. Wenn die Nachbarn reden, höre ich jedes Wort. Wenn ich lernen muss, kann ich mich kaum konzentrieren.« Er klagt über die Israelis, die seiner Familie so viel Leid zugefügt haben. »Ich hasse sie. Alle Israelis.« Einer seiner Brüder wurde von einem Gummigeschoss im Gesicht verletzt, als die israelische Armee ins Lager einrückte. Als er einmal in eine Kontrolle geriet, wurde er von den Soldaten verprügelt, »und sie machten Fotos davon, wie mir ein Soldat ins Gesicht schlug«. Der Frieden, glaubt er, kann nur kommen, wenn Israel geht. Er ist viel radikaler als sein Vater. Der würde Israel als Nachbarn akzeptieren. Hassan sagt, sie müssten das ganze Palästina verlassen, also das Land zwischen dem Mittelmeer und dem Jordan. »Palästina nur für Palästinenser«, sagt er. »Ich will in unser Dorf zurück. Es ist unser Land, das Leben dort wird besser sein als hier.« Durch die Erzählungen seines Vaters wisse er, dass Beit Naballa ein schöner Ort ist. So verwachsen fühlt er sich damit, dass er auf die Frage nach seiner Herkunft sagt, er sei aus Beit Naballa, lebe aber in Jalazon.

Am Nachmittag ist es Zeit für Abu Ismail, in das Kaffeehaus am Platz zu gehen. Jeden Tag ist es der Treffpunkt der alten Männer. Sie alle sind Flüchtlinge und leben in ihrer Vergangenheit. Sie sitzen auf Plastikstühlen, sie ziehen an den Mundstücken der Wasserpfeifen, sie trinken arabischen Kaffee oder süßen Tee mit Minze. Und sie reden über die Schönheit einer versunkenen Welt und das Leid, das danach über sie hereinbrach. Wenn die Sonne verschwindet, gehen sie zurück in ihre Häuser.

Aber es ist nicht alles traurig in Jalazon. Geht man am Platz mit dem Kaffeehaus vorbei, wird man auf Adham Dasuki treffen. Er ist gelernter Schreiner, aber weil er damit in Jalazon kein Geld verdienen kann, machte er aus seiner Werkstatt einen Spielwarenladen. Vormittags unterrichtet er an einer Berufsschule in Ramallah, und wenn er nachmittags nach Jalazon zurückkommt, wird er schnell von Kindern umringt. Sie rufen ihn »Ammi«, mein Onkel, und lieben ihn, weil er ihnen Freude bringt. Sein Laden ist für sie das, was für die Alten das Kaffeehaus ist. Nur dass es hier nicht darum geht, wie traurig alles ist, sondern wie lustig das Leben auch sein kann. Eine Gruppe Jungen und Mädchen spielt neben seinem Laden Ball. Einer führt den neuesten Gag aus Dasukis Welt vor. Er hält Besuchern lachend eine Kaugummipackung entgegen. Wenn man an einem der gelben Kaugummistreifen zieht, schnappt plötzlich eine Feder nach vorn, darauf sitzt eine dicke, fette Kakerlake aus Plastik. Der Junge kann sich kaum halten vor Lachen, Adham Dasuki steht in seinem blau-weiß karierten Hemd dahinter und freut sich.

Auf einem Schild über dem Eingang steht »Schreinerei von Palästina«, drinnen steht noch eine Werkbank, über der sauber aufgereiht Arbeitsgeräte an der Wand hängen. Stolz deutet Dasuki auf ein Foto, das ihn mit dem brasilianischen Fußballstar Ronaldo zeigt. Als der neulich auf Einladung einer Friedensorganisation im Westjordanland war, um mit Kindern Fußball zu spielen, gehörte der Spielwarenhändler zu einer Delegation, die ihn begrüßen sollte. Einige Möbelstücke stehen unfertig herum, denn inzwischen ist die Spielwarenabteilung, wenn man sie so nennen will, wichtiger geworden. Die Regale hat er selbst gezimmert. Plastikuhren liegen dort zwischen bunt glitzernden Kinderhandtaschen. Spielzeugautos stehen herum, eine Planierraupe wartet zwischen in Folie eingeschweißten Schwimmringen auf einen Käufer. Daneben liegen billige Lippenstifte, Haarbänder, Bürsten und Kämme. Weil es irgendwie auch in diese Ecke passt, hat Dasuki neben die Haarpflegesachen einige Tuben des in Ramallah hergestellten Rasierschaums MAN gelegt. Ein Spielwarenladen also mit angeschlossener Drogerie, so könnte man das Sortiment am besten beschreiben.

Adham Dasuki ist ein Mann mit einem lächelnden Gesicht. Um seine Augen haben sich freundliche Falten gelegt, sein buschiger Schnauzbart verdeckt Lippen, deren Enden meistens nach oben verzogen sind.

Er hat den Spielwarenladen eröffnet, »weil es schon so viele Lebensmittelläden gab«, sagt er. »Und außerdem gibt es hier viele Kinder.« Für ihn war das am Anfang nur ein Zusatzverdienst, erst danach merkte er, wie sich täglich die Kinder bei ihm versammelten und er zur Attraktion geworden ist.

Das Kinderparadies von Jalazon setzt sich vor der ehemaligen Schreinerwerkstatt mit weiteren Vitrinen und Regalen fort. Zur Dekoration hat Adham oben kleine Spielsachen draufgeklebt. Eine Plastikrose wächst dort empor, daneben steht ein Spielzeughandy, eine bunte Trinkflasche, eine Haarklemme und eine Puppe mit leicht abgeblättertem Gesicht. »Die Artikel vor dem Laden gibt es alle für einen Schekel.« In kleinen Fächern liegen Flummis und Luftballons. Ein Mädchen kommt mit seiner Mutter und nimmt sich eine bunte Haarnadel mit. Adhams Tochter springt herbei und streckt der Kundin die Hand entgegen, die legt einen Schekel herein. Am Türpfosten lehnt ein gelber Teddybär. »Das ist mein teuerster Artikel.« Er kostet 45 Schekel, also umgerechnet etwa neun Euro.

Adham verdient nicht viel mit dem Spielwarenverkauf. »Vielleicht 20 oder 30 Schekel am Tag.« 1500 Schekel, etwa 300 Euro, bekommt er als Berufsschullehrer. »Damit ist ein Leben kaum möglich.« Acht Kinder haben er und seine Frau, das entspricht der üblichen Geburtenrate in den palästinensischen Flüchtlingslagern. Durch den Laden hat er jeden Monat ein paar hundert Schekel mehr, aber seine Familie ist auf die Hilfe der UNRWA angewiesen. Alle zwei Monate kriegen sie drei Kilo Zucker, fünf Packungen Milch, 100 Kilo Mehl, jeweils drei Kilo Reis und Linsen. »Ich kann kein Brot kaufen, das allein würde jeden Tag 15 Schekel kosten«, sagt er, »450 im Monat also.«

Adhams Vater wurde in dem Dorf Qubab geboren. Er gehörte wie Abu Ismail der ersten Flüchtlingsgeneration an. Der Vater flüchtete mit der Familie, als er von einem Massaker der Israelis im nahen Dorf Deir Jassin hörte. Zwei Onkel von Adham blieben, deren Nachfahren heute in der israelisch-arabischen Stadt Ramle leben. Er hat sie einige Male besucht. Dort wo Qubab lag, sind heute Hühnerfarmen. »Die Israelis wollen keinen Frieden.« Und als er das sagt, verschwindet sein Lächeln zum ersten Mal an diesem Nachmittag. Von einem seiner Cousins weiß er, dass den Schulkindern in Israel beigebracht wird, Israel sei das Land, das den Juden versprochen worden ist. »Wie soll dann dort noch Platz für uns sein«, fragt er. Den Traum der Rückkehr, den sein Vater genauso träumte wie Abu Ismail, hat er begraben. Adham, der Spielwarenhändler, wird auch weiterhin vormittags zur Berufsschule nach Ramallah fahren und nachmittags das quietschende Eisentor seines Ladens aufschieben. Ob es sich so leichter lebt? Er zuckt mit den Schultern, »vielleicht bin ich einfach realistischer. Vielleicht liegt es daran, dass ich dort nie gelebt habe, so wie mein Vater. Meine Heimat war immer Jalazon.«

* * *

Einige Tage später sind wir wieder mit Abu Ismail verabredet. Wir hatten die Idee, mit ihm in sein altes Dorf zu fahren, also dorthin, wo früher einmal die Häuser von Beit Naballa standen.

Abu Ismail hatte glänzende Augen, als wir ihm das vorschlugen. Seit Jahren ist er nicht mehr dort gewesen. Aber es ist nicht einfach, einen alten Mann aus einem palästinensischen Flüchtlingslager ins heutige Israel zu bringen. Er braucht eine Genehmigung von der Zivilbehörde der israelischen Armee. Es dauert einige Tage, denn der Geheimdienst überprüft, ob Abu Ismail als Sicherheitsrisiko gilt und überhaupt ausreisen darf. Nach zwei Tagen meldet sich ein Soldat. Der Geheimdienst habe zugestimmt, die Genehmigung könne abgeholt werden. Die Erlaubnis gilt für einen Tag.

Es ist ein Donnerstag im Juli, als wir uns auf den Weg machen. Ohne Probleme passieren wir den israelischen Kontrollposten nahe dem palästinensischen Dorf Rantis. Von dort fahren wir über die Schnellstraße 444 in Richtung Jerusalem. Als wir rechts von der Straße ein abgezäuntes Gelände erreichen, sind wir da. Abu Ismail sagt: »Das ist eine alte Militärbasis der Briten. Als die Briten abgezogen sind, haben die Juden sie übernommen.« Bevor die Straße eine scharfe Rechtskurve macht, sollen wir links abbiegen. Dort steht ein altes Steingebäude. »Das ist die Schule von Beit Naballa.« Das einzige Gebäude seines Dorfes, das noch steht. Es ist eingezäunt und beherbergt heute ein Büro des Jüdischen Nationalfonds. Davor weht eine israelische Flagge. Es ist nicht der Ort, an dem sich Abu Ismail lange aufhalten will. Er will dahin, wo die Häuser standen, in denen sie damals lebten. Über einen Feldweg fahren wir an einem Hügel entlang, er ist von dichtem Gras und Gestrüpp überwuchert. »Halt hier an«, ruft Abu Ismail, »hier ist es.« Er rafft sein Gewand und bahnt sich mit seinem Gehstock einen Weg über das Gelände. Ihm mag das alles bekannt vorkommen, aber man sieht nur Gras, Anissträucher, die mannshoch gewachsen sind und ihren schweren Duft verströmen. Disteln stechen an den Beinen, Steine liegen herum. Als er an einen halb entwurzelten Feigenbaum kommt, erinnert sich Abu Ismail: »Hier hatte Mohammed Sada sein Feld mit Feigen. Er ist hier gestorben.« Wir erreichen den höchsten Punkt des Hügels. Dort soll die Moschee gestanden haben. Als Abu Ismail vor Jahren einmal dort war, sah er noch Trümmer davon. Jetzt ist nichts mehr zu erahnen. Er sieht sich um. »Jedes Mal, wenn ich hierher komme, ist noch mehr zerstört.«

Er möchte das Grab seines Vaters finden. Er geht weiter. Die stechend heiße Sonne stört ihn nicht. Er drückt das hochgewachsene Gras mit seinem Stock beiseite. Der Schweiß rinnt ihm die Schläfen herab. Er trinkt nichts. Er legt keine Pause ein. Er hat ein Ziel, und das sucht er im Gestrüpp. Er geht auf Wegen, die er schon oft in seinem Leben gegangen ist. Es sind die Wege eines Jungen, der durch sein Dorf läuft. Alles ist vertraut hier, aber es sind keine Wege mehr da, nichts ist mehr zu sehen. Einmal bleibt er stehen und klopft mit seinem Stock auf einen Stein. Er zerbröselt unter den Schlägen, weißer Staub wirbelt auf. »Das ist Gips, so bauten wir damals unsere Häuser.«

Nach einer ganzen Weile gibt er auf. Das Grab seines Vaters ist nirgends zu finden. In der Nähe steht ein Baum. Abu Ismail rückt einen Stein zurecht und setzt sich in den Schatten. »Wenn du es früher gesehen hättest, hätte es dir hier gefallen«, sagt er. »Es ist so bitter, das ist unser Land, alles ist zerstört. Vielleicht kann ich hier eines Tages begraben werden.« Dann verstummt er. Er hebt die Hände zum Himmel und bewegt seine Lippen, ohne dass er etwas sagt. Es ist der erste Moment an diesem Tag, an dem Abu Ismail ruhig ist. Seine Augen füllen sich mit Tränen, dann legt er die Hände davor und senkt den Kopf.

Nachdem er sich die Tränen mit einem weißen Taschentuch weggewischt hat, blickt er auf und fragt: »Vermisst du dein Land nicht, wenn du weg bist? Aber du kannst wenigstens dorthin gehen. Wir nicht. Wir sind die Opfer, niemand wurde so verletzt wie wir. Und niemals hat uns jemand etwas dafür angeboten.« Aber würde er auf dieses Land zurückgehen wollen? Dorthin, wo heute das Gras wuchert, wo Gesteinsbrocken herumliegen, wo nichts an Beit Naballa erinnert? Natürlich, er würde. »Wenn sie mir sagen würden, morgen kannst du gehen, ich würde es tun.« Wo würde er bleiben? »Hier. Ich kann mir den Platz aussuchen. Niemand lebt hier, es ist genug Platz für uns. Ich könnte auch ohne Strom leben, so haben wir es früher auch gemacht. Wenn es dunkel wurde, hatten wir nur ein kleines Licht. Wir haben auf dem Feuer gekocht, das würde ich hier wieder machen«, sagt er, »Be'in Allah« – Gott möge uns helfen.

Als wir auf dem Rückweg nach Jalazon sind, fragen wir Abu Ismail, was er für seine Zukunft erwartet und für die seiner Kinder und Enkel. Er sagt, es werde wahrscheinlich immer so weitergehen. Es wird gekämpft, dann kehrt wieder Ruhe ein, dann flammt der Konflikt wieder auf.

Zur Zeit ist es einigermaßen ruhig. Arafat ist tot, die Palästinenser haben einen neuen Präsidenten, und der hat sich
schon mit dem israelischen Premierminister getroffen. Macht
ihm das nicht Hoffnung? Er fragt, was Abu Mazen, sein Präsident, schon erreichen könne. Und er antwortet: »Wir sind
noch so weit entfernt von einer Lösung. Sie leben in Palästina,
wir leben in Lagern. Das ist ungerecht. Wir sind alle Kreatu-
ren Gottes, auch die Juden. Wir wollen sie nicht zerstören.
Aber wir werden weiterkämpfen für unser Recht.« Wie werden sie weiterkämpfen? Hält er Selbstmordattentate für das
richtige Mittel? »Nein, niemand sollte das tun. Aber es ist
doch so: Übermäßiger Druck führt zur Explosion. Wenn du
mich verletzt oder beleidigst, dann werde ich zu deinem
Feind. Wer Angst hat, denkt nicht nach. Es ist wie bei dem
Schmetterling. Er will ins Licht, aber dort verbrennt er. Trotzdem würde er lieber verbrennen, als sein Leben lang im Dun-
keln zu leben.«

Die Erinnernden

Eitan Bronstein ist ein Sammler. Er sammelt die Erinnerung an palästinensische Orte, die in den Kriegen von 1948 und 1967 zerstört worden sind. Er will diesen Dörfern ihre Namen zurückgeben und zeigen, wo sie sich befanden. Deshalb hat er die Organisation Sochrot gegründet. Sochrot heißt Erinnern oder die Erinnernden auf Hebräisch. Es geht ihm darum, dass sich vor allem seine Landsleute daran erinnern, was vor allem im Jahre 1948 geschehen ist. Bevor Bronstein anfing, an diese Orte zu erinnern, tat das niemand. Es gefällt auch vielen seiner Landsleute nicht, was er tut. Etlichen ist es nur recht, dass die Erinnerung an die palästinensischen Orte viel zu kurz kommt. Und genau deshalb macht Bronstein es. Er glaubt, es diene dem Frieden und der Aussöhnung zwischen Israelis und Palästinensern. Dabei rührt er an den Tabus der israelischen Gesellschaft und stellt den jüdischen Charakter des Staates in Frage.

Jedes Jahr am 14. Mai gedenkt Israel dem Tag seiner Staatsgründung im Jahre 1948. Dieser Yom Haatzmaut ist ein wichtiger Feiertag, zu dessen offizieller Festveranstaltung auf dem Herzl-Berg in Jerusalem die wichtigsten Politiker und Armeeangehörigen zusammenkommen. Schon Wochen vorher sieht man überall im Land Autos herumfahren, die mit israelischen Fähnchen geschmückt sind. Je näher der Tag rückt, desto höher wird die Zahl von bewimpelten gegenüber unbewimpelten Autos. Die kleinen Fahnenstangen, die man in die Seitenfenster klemmen kann, sind der Renner. Man kann sie überall kaufen. Bronstein macht da nicht mit, er war nie so nationalistisch, dass er mitgemacht hätte, aber seitdem er an die dunkle Seite dieses Staatsgründungstages erinnert, kann er über das weiß-blaue Wimpelmeer erst recht nur noch den Kopf schütteln. Gleichzeitig treibt es ihn an, denn es zeigt ihm, dass er noch eine Menge zu tun hat.

Die dunkle Seite des 14. Mai wird auf Arabisch Al Nakba genannt, ›die Katastrophe‹ heißt das übersetzt. Denn der Tag, an dem der Staat Israel gegründet wurde, war für damals mehr als 900 000 Menschen der Tag, an dem ihr Leben eine dramatische Wende nahm. Sie mussten ihre Dörfer verlassen und wurden zu Flüchtlingen. Ungefähr vierhundert Dörfer wurden im Laufe des Krieges und danach zerstört, nur wenige blieben erhalten. Auf dem Land der zerstörten Dörfer wurden bis Ende 1949 185 jüdische Siedlungen errichtet, vor allem Kibbuzim und Moschawim, genossenschaftlich organisierte Dörfer. Viele von denen, die heute dort leben, wissen nicht, dass ihre Dörfer auf den Ruinen palästinensischer Häuser errichtet wurden. Die große Mehrzahl der Israelis weiß das nicht, denn nirgendwo wird daran erinnert.

Eitan Bronstein wurde in Argentinien geboren und kam als Fünfjähriger mit seinen Eltern nach Israel. Die Familie zog in den Kibbuz Bahan, der nicht weit entfernt ist von der Grünen Linie, jener unsichtbaren Grenze also, die die Grenze von vor 1967 markiert und damit Israel vom Westjordanland trennt. »Als Junge spielte ich am liebsten an der Kakoun-Zitadelle. Sie liegt etwa drei Kilometer vom Kibbuz entfernt. Ein herrliches altes Gemäuer ist das, auf einer Hügelspitze gelegen, umgeben von Obstbäumen und Kakteen.« Die Jugendlichen fuhren mit ihren Rädern dorthin oder mit dem Kibbuz-Traktor, »wir aßen die Kaktusfeigen oder nahmen junge Adler aus ihren Nestern und zogen sie auf – was junge Kibbuznikim eben so machen. Ich habe die schönsten Erinnerungen an diesen Ort«, erzählt Bronstein. Jedes Jahr zum Chanukka-Fest zog die Kibbuz-Jugend in einer Prozession zu der Zitadelle und gelobte in einer Zeremonie Gleichheit, Brüderlichkeit und Gerechtigkeit für die ganze Welt.

Nie hatte sich Bronstein Gedanken über die Geschichte der verwitterten Mauer gemacht.

Vor fünf Jahren kam er der Vergangenheit seines Kinderspielplatzes auf die Spur. Er surfte im Internet und machte eine überraschende Entdeckung: »Ich erfuhr, dass sich genau dort ein großes palästinensisches Dorf befunden hatte. Mehr als 2000 Menschen lebten da bis 1948. Es gab einen großen Markt, das Gemäuer waren die Überreste der Moschee, die auf den Ruinen einer Kreuzfahrerfestung errichtet worden war. In diesem Moment änderte sich die Wahrnehmung meiner Kindheit. Mir wurde klar, dass unser Leben auf Ignoranz und Ablehnung beruhte. Ich schämte mich, wenn ich an unsere Chanukka-Zeremonien dachte.«

Bronstein, 45 Jahre alt und Vater von vier Kindern, begeisterte sich als Jugendlicher für die linke Ratz-Partei, einer Vorläuferin der heutigen Meretz-Partei. Er verweigerte den Militärdienst, weil er gegen den Libanon-Feldzug Israels war. Später saß er in einem Militärgefängnis. Heute arbeitet er in Newe Schalom mit Jugendlichen zusammen. Er ist dort für die politischen Bildungsprogramme zuständig. Newe Schalom, die Oase des Friedens, ist ein arabisch-israelisches Dorf in der Nähe von Jerusalem, das gegründet wurde, um jüdische und arabische Israelis zusammenzubringen. In der Nähe des Ortes liegt der Kanada-Park, der von Keren Kayemeth LeIsrael gegründet wurde, der Jüdischen National-Stiftung. Der Park entstand auf dem Land der palästinensischen Dörfer Yalu, Imwas (dem aus der Bibel bekannten Emmaus), Beit Nuba und Latrun. Diese Dörfer wurden nach dem 1967er-Krieg zerstört, als Teil der israelischen Strategie, den schmalen Korridor nach Jerusalem zu erweitern. Dass dafür die dort liegenden palästinensischen Orte zerstört werden mussten, wurde in Kauf genommen. Während einer Tour mit einer Naturschutzorganisation durch den Park wunderte sich Bronstein, dass der Führer in seinen Erklärungen die arabischen Dörfer nicht erwähnte. Die an den Wegen aufgestellten

Schilder berichteten von Juden, Griechen, Römern und Byzantinern, die in dieser Gegend gelebt hätten, aber mehrere hundert Jahre arabischer Präsenz am selben Ort wurden verschwiegen, als hätte es sie nie gegeben.

Die Führung durch den Kanada-Park war der Beginn von Sochrot. Bronstein: »Ich sagte mir: ›Wir müssen zu diesem Ort gehen und Schilder aufstellen, die an die Araber erinnern.‹ Dann dachte ich: ›Warum eigentlich nur dort? Wir müssen es überall im Land machen.‹«

Die Jüdische National-Stiftung allerdings hielt von Bronsteins Idee wenig. Sie weigerte sich, mit Schildern an das arabische Kapitel der Vorgeschichte des Kanada-Parks zu erinnern. Als Grund gab die Stiftung an, sie mische sich grundsätzlich nicht in politische Angelegenheiten ein.

Um größere Aufmerksamkeit zu erzeugen, wollte Bronstein die Vereinigung der Kibbuz-Mitglieder für seine Idee gewinnen. Im Magazin der Bewegung erschien ein langer Artikel über Sochrot, darüber stand die Überschrift »Yad Vaschem«, also der Name der Holocaust-Gedenkstätte in Jerusalem, was übersetzt heißt: »Ein Ort und ein Name«. Bronstein erinnert sich vor allem an die Reaktion von Esther Salmovitch auf diesen Artikel. Salmovitch saß in der Knesset für die inzwischen aufgelöste nationalistische Partei Tzomet und wohnte in einem Dorf, das anstelle des arabischen Ortes Um al Faraj errichtet worden war. Salmovitch forderte, dass die Erinnerungstafeln von Sochrot sagen müssten, dass die Bewohner der arabischen Dörfer mit denen kollaborierten, die die Juden vertreiben wollten, welche Europa verlassen mussten und in ihr angestammtes Heimatland Israel zurückgekehrt waren. Die Schilder sollten nach Salmovitchs Meinung auch sagen, dass die Umsiedlung die Folge eines Krieges gewesen sei, in dem es um das Überleben des jüdischen Volkes ging und die meisten Araber ihre Dörfer freiwillig verlassen hätten, was längst durch verschiedene Historiker widerlegt ist.

»Salmovitchs Reaktion hat mich nicht überrascht. Natürlich gab es hier Menschen, die gegen die zionistisch motivierte Besetzung des Landes waren. Natürlich wurden auch Juden durch Araber ermordet. Aber diese Geschichte hat zwei Seiten, und wir wollen immer nur die eine Seite sehen und dadurch die Kontrolle über unser Land behalten.«

Die Idee, die er im Kanada-Park hatte, ließ Bronstein trotz der ablehnenden Haltung der Jüdischen National-Stiftung nicht mehr los. »Viele Denkmäler und Hinweisschilder im ganzen Land erinnern an den Verlust jüdischer Soldaten in den Kriegen, aber Hinweise auf die Zerstörung palästinensischen Lebens gibt es nirgends. Der hohe Preis, den die Palästinenser bezahlen mussten – mit ihrem Leben, mit der Zerstörung ihrer Dörfer und der Vertreibung – erhält keine Aufmerksamkeit.« Die Namen der Dörfer verschwanden vollständig oder wurden hebräisiert und den dort errichteten jüdischen Dörfern verliehen.

Bronstein: »Die palästinensischen Dörfer sind zu unsichtbaren Punkten auf Israels Landkarte geworden, nur die hartnäckigen Kaktusfeigen sind stille Monumente der Vergangenheit.« Bronstein geht noch weiter und meint, dass sogar das Leiden der Palästinenser an dem Verlust ihrer Lebenswelt als illegitim und geradezu als gefährlich erscheine: »Jeder Ausdruck von Schmerzen wird als feindlich empfunden, als Bedrohung für die jüdische Existenz hier und jetzt.«

Aber Bronstein findet, dass es mehr als 50 Jahre nach der Staatsgründung und Al Nakba längst Zeit ist, seinen Landsleuten genau diese leidvolle Geschichte der Palästinenser ins Bewusstsein zu bringen.

Seit drei Jahren organisiert er deshalb mit Sochrot Fahrten zu zerstörten palästinensischen Dörfern in ganz Israel. Mehr als einhundert Mitglieder hat die Initiative gegen das Vergessen, mehr als Tausend Abonnenten erhalten den Rundbrief per E-Mail, mit dem Bronstein die Fahrten ankündigt. Mehrere Dutzend, manchmal mehrere hundert Leute kriegt er zusammen. Alte und Junge, vor allem natürlich aus der politischen Linken. Unterstützt werden sie von der Mennonitischen Kirche Kanadas, der Entwicklungshilfsorganisation Oxfam und Privatpersonen.

Gemeinsam fahren sie zu einem Ort, der auf Israels Landkarte nicht existiert, der aber bis vor 57 Jahren ein intaktes Dorf war und in den Erinnerungen der Flüchtlinge und ihrer Nachfahren einen festen Platz hat. Wenn es möglich ist, kommen Zeitzeugen aus den Dörfern dazu. Sie erzählen, wie das Leben dort früher war und wie die Dörfer ausgesehen haben. Um die untergegangenen Orte auch für die jüdischen Israelis sichtbar zu machen, bringt Sochrot gelbe Schilder mit. Darauf stehen die Namen der Dörfer auf Hebräisch und Arabisch, sie bezeichnen Friedhöfe, Moscheen, Straßen und Plätze. »Die Idee ist simpel«, sagt Bronstein: »Durch das Aufstellen der Schilder erzählen wir die Geschichte der zerstörten Dörfer und bekennen uns damit zu der Tragödie.« Die Schilder sollen auffallen; wer sie sieht, soll nachdenken: »Jedes neue Schild wird die Wahrnehmung derjenigen verändern, die auf Israels Straßen fahren oder auf seinen Wegen gehen.«

Manchmal allerdings wird schon der Beginn einer solchen Tour zum Problem.

Ein Dienstag im Herbst 2004. Eitan Bronstein hat dazu aufgerufen, an das Dorf Al Lajun im Norden Israels zu erinnern. Dort erstrecken sich heute die Felder eines Kibbuzes, Wiesen und ein Kiefernwald. Wer von Al Lajun nichts weiß, der wird dort nichts finden, was auf das Dorf hinweist. Treffpunkt Arlosorov-Bahnhof in Tel Aviv. Ein belebter Platz, an dem die grünen Egged-Busse ins ganze Land abfahren. Züge halten dort, außerdem kreuzen viele große Straßen, eine Zufahrt führt auf die Tel Aviver Stadtautobahn. Der Bus wird mit den gelben Hinweisschildern beladen, 50 Teilnehmer sind gekommen, der Bus ist abfahrbereit. Dann greift Bronstein zum Mikrophon: »Leider können wir noch nicht losfahren. Der

Busfahrer weigert sich, uns zu befördern. Aber wir haben Ersatz angefordert.« Der Busfahrer sagt: »Leute, die den israelischen Nationalfeiertag nicht feiern, fahre ich nicht. Ich habe meine Prinzipien.« Er war gekommen, weil er dachte, die Fahrt sei ein Ausflug, wie so oft. Als er die Schilder sah, hat er nachgefragt. Eitan Bronstein erzählte ihm von Sochrot und seinen Zielen. Dann entschied der Fahrer, dass er an diesem Tag lieber freimachen wollte.

Als der Ersatzmann da ist, steht der Fahrt auf die Wiesen und Felder im Norden, die von diesem Tag an ihre Vergangenheit zurückbekommen sollen, nichts mehr entgegen.

Es ist eine Fahrt voller Symbolik. Der Bus trägt die Nummer 194, also die Zahl der UN-Resolution, die bereits im Dezember 1948 verabschiedet wurde und das Rückkehrrecht der Flüchtlinge anerkannte und eine Umsetzung oder Entschädigung fordert. Bustickets werden verteilt, auch sie tragen die Nummer 194. Der daneben aufgedruckte Umriss zeigt Israel, den Geltungsbereich des Tickets also. Es ist »gültig für eine Hinfahrt«.

Bronstein und andere Sochrot-Mitglieder tragen schwarze T-Shirts, auf deren Vorderseite ein großes Schlüsselloch gedruckt ist, daneben steht auf Arabisch, Hebräisch und Englisch Sochrot. Das Schlüsselloch ist als Geste gegenüber den Flüchtlingen zu verstehen, denn die tragen oft noch den Schlüssel zu ihrem zerstörten oder verlassenen Haus bei sich. Er ist eine Art kollektives Symbol der Flüchtlinge für das ihnen widerfahrene Leid. Er steht für die Erinnerung, aber auch den Wunsch, irgendwann in die Heimatdörfer zurückkehren zu können. Er signalisiert die allzeit vorhandene Bereitschaft, dort sofort wieder leben zu wollen.

Und Bronstein, der israelische Jude mit argentinischen Wurzeln, ist es, der ihnen das Schlüsselloch dafür hinhält.

Nun sitzt er auf einem der Sitze am Gang und sagt: »Am Anfang ging es uns nicht darum, das Recht auf Rückkehr zu unterstützen. Wir wollten eine Diskussion anstoßen. Inzwischen ist uns klar, dass es unmöglich ist, die Verantwortung für 1948 zu übernehmen, ohne zugleich das Rückkehrrecht zu unterstützen. In ihrem tiefsten Innern wissen die meisten Israelis das, und deshalb wollen sie nichts von Al Nakba hören.« Bronstein bringt seine Initiative und seine Haltung oft Ärger ein, vor allem nach einem langen Artikel in der liberalen israelischen Tageszeitung Haaretz hat er gespürt, wie viel Ablehnung es für Sochrot gibt. Er wurde sogar mit dem Tode bedroht, das Massenblatt Maariv, eine Zeitung von hoher Auflage und geringem Ansehen, nannte Bronstein und Sochrot »Kollaborateure der Hamas«.

Das Recht auf Rückkehr, das Flüchtlingsproblem – eines Tages wird in Israel darüber diskutiert werden müssen. Auf der Liste der ungelösten Probleme steht es mit an vorderster Stelle. Die Palästinenser werden einen eigenen Staat nicht akzeptieren, wenn für die Flüchtlinge keine Regelung gefunden wird. Für die große Mehrheit der Israelis aber ist es genau umgekehrt. Sie wollen von den Flüchtlingen nichts wissen. Würden sie darüber nachdenken, könnte es unangenehm werden. Gäbe es das Rückkehrrecht, könnte ja theoretisch von heute auf morgen eine Flüchtlingsfamilie kommen, weil sie wieder auf ihrem Land leben will. Dort, wo seit Jahrzehnten eine israelische Familie lebt. Über 400 Dörfer wurden zerstört, viel Land wurde den Arabern genommen. Würde das Rückkehrrecht konsequent angewandt, müssten etliche Menschen umziehen.

Bronstein weiß das. Er hat dafür keine Lösung. Sein Ziel ist es nicht, dass wieder Menschen aus ihren Häusern gehen müssen, um Platz für andere zu schaffen. Er will nur die Diskussion darüber in Gang bringen. Die Menschen in Israel sollen sich darüber Gedanken machen, auf wessen Kosten ihr Land geschaffen wurde. Sie sollen verstehen, worunter die andere Seite leidet.

Er glaubt auch, dass gar nicht so viele Flüchtlinge tatsächlich ihre Sachen packen und zurückkehren würden. »Aber wer immer es tun will, den sollten wir zurückkehren lassen. Und wenn das Resultat ist, dass es keinen jüdischen Staat mehr gibt, dann wird es ihn nicht mehr geben. Ich bin für einen Staat vom Mittelmeer bis zum Jordan-Fluss, in dem alle Einwohner dieselben Rechte und beide Völker ihre Bindung an das Land ausleben können.«

Der Bus erreicht die Hauptstraße, die über Afula zum See Genezareth führt, dann biegt er auf einen Feldweg ab und hält. Hier lag Al Lajun.

Ein alter Mann stellt sich vor einen Stacheldrahtzaun, dahinter erstreckt sich ein Kiefernwäldchen. Der Mann erzählt durch den Lautsprecher, dass an dieser Stelle der südliche Rand des Dorfes gewesen sei. »Bis ungefähr hier standen unsere Häuser«, sagt er, »die Gegend nannten wir Jabarin.« Im Krieg von 1948 wurde das Dorf weitgehend zerstört, nur eine der Moscheen, die Mühle, die Krankenstation und einige Häuser blieben verschont. Die Bewohner flüchteten. Wie die meisten aus Al Lajun ging auch die Familie des alten Mannes damals in die nahe arabische Stadt Um el Fahm, die heute die größte arabische Stadt in dieser Gegend von Israel ist. »In Um el Fahm heißen viele Familien Jabarin. Ihr Name zeigt, wo sie herkommen«, sagt der alte Mann. An der Stelle, an der er steht, treibt Bronstein mit einem schweren Hammer das erste Schild zur Erinnerung an Al Lajun in den Boden. Zu Fuß geht es weiter über das Gelände. Egbarieh heißt einer der Männer, die Bronstein als Zeitzeugen gewonnen hat. »Es ist ein starkes Symbol, was wir heute machen. Wir zeigen, dass es unser Land ist und dass wir hier sind.« Seine Eltern wurden in Al Lajun geboren, seine Mutter ist früher oft mit ihm dorthin gekommen. Dann liefen sie zwischen den Kiefern umher, und die Mutter erzählte Egbarieh Geschichten aus dem Dorf, das es nicht mehr gibt.

An fünf Stellen werden an diesem Tag Schilder aufgestellt. Im früheren Ortsteil Jabarin, am alten Friedhof, von dem nur noch ein oder zwei Grabumfassungen zu erkennen sind, an der Quelle, die den Ort mit Wasser versorgte. Die alten Leute erzählen von dem guten, fruchtbaren Boden ihres Dorfes. Die meisten der etwa 1200 Einwohner waren Bauern, die ihr Obst und Gemüse auf den Märkten in der Umgebung verkauften. Nur an die Mauerreste der alten Moschee gelangten die Erinnernden an diesem Tag nicht. Sie liegt hinter einem mehrere Meter hohen Zaun und dient dem Kibbuz Meggido, der das Land bewirtschaftet, als Lagerhaus. Eitan Bronstein hatte schriftlich um Erlaubnis gebeten, auch die Moschee zu besuchen, um dort ein Schild anzubringen. Die Kibbuzleiterin antwortete, sie wolle nicht, dass ihr Lager zu einem Erinnerungsort werde. Dann würden die Leute ja immer wiederkommen. Außerdem dürfe der Status quo zwischen Kibbuz und Flüchtlingen nicht angetastet werden. »Der Status quo heißt: Keine Kooperation«, sagt Bronstein. Das Schild mit der Aufschrift »Moschee von Al Lajun« in Hebräisch und Arabisch will er aufbewahren. Vielleicht können sie es irgendwann doch noch anbringen. Zum Abschluss ihrer Fahrt werden an der Quelle grüne Plastikstühle aufgestellt. Einer der alten Männer, die dort als Jungen Wasser holten, hat eine Oud mitgebracht. Er spielt, die anderen singen dazu. Das Lied handelt von einem Mann, der seinen Ort verlässt, um anderswo Arbeit zu finden. Seine Frau liebt ihn und folgt ihm. Gemeinsam werden sie in der Fremde glücklich, aber sie vergessen nie den Ort, aus dem sie gekommen sind. Als die kleine Erinnerungsfeier vorbei ist, gehen einige der alten Männer, die früher Bewohner von Al Lajun war, zu Bronstein. Sie schütteln ihm die Hand, sie bedanken sich. Am Abend werden sie erzählen, dass es jüdische Israelis gibt, denen die Flüchtlinge nicht egal sind.

Am Abend dieses Tages also hat Sochrot wieder einmal einen Ort auf die Landkarte Israels zurückgebracht. Mit jeder Aktion werden die unsichtbaren Flecken weniger.

Schilder standen dort, wo einst die Menschen gelebt haben. Die, die mitgefahren sind, haben Geschichten aus Al Lajun erfahren. Ihnen dürfte bewusst geworden sein, dass die

Geschichte ihres Landes eine Vorgeschichte hat. Andere werden im Vorbeifahren die Schilder sehen und sich vielleicht wundern. Darüber, dass dort auf einer Wiese ein Schild steht und dem Ort einen arabischen Namen gibt. Viel Aufmerksamkeit werden sie dort allerdings nicht erreichen, dazu stören sie zu wenig. Deshalb werden sie wohl auch länger stehen bleiben. Bronstein erzählt, dass die Schilder manchmal nur ein paar Minuten stehen, bevor sie von Gegnern der Aktion zerstört werden. Anderswo dürfen sie erst gar nicht aufgestellt werde, zum Beispiel im Kanada-Park, wo Bronstein die Idee für Sochrot kam. Den Präsidenten der Universität Tel Aviv hat Bronstein inzwischen auch angeschrieben und ihn gebeten, an das palästinensische Dorf Scheich Munis zu erinnern, auf dessen Ruinen der Universitätscampus entstanden ist. Sein Brief war unterzeichnet von prominenten Wissenschaftlern wie dem Politologen Schlomo Sand, aber bislang hat Bronstein keine Reaktion darauf erhalten.

Vielleicht ist es utopisch, was Bronstein erreichen will. Da stehen dann diese Schilder. Die Leute, die bei der Tour dabei waren, wissen mehr über den Ort. Aber was ist mit den anderen? Mit denen, die sich der Geschichte nicht stellen, aus Angst oder aus Gleichgültigkeit?

»Schilder aufzustellen und an die Orte zu erinnern kann nur ein Teil unserer Arbeit sein«, sagt Bronstein. Sein Ziel ist es, irgendwann auch in Schulen und Universitäten an Al Nakba zu erinnern und darauf aufmerksam zu machen. Dort soll eines Tages darüber geredet werden, was passiert ist. Er will Landkarten herstellen, auf denen die zerstörten Orte eingezeichnet sind, er will Kinderspiele, mit denen Kinder lernen sollen, was Al Nakba ist; eine Datenbank soll eingerichtet werden. »Das alles soll in einfachem Hebräisch geschrieben sein. Das wird unsere Sprache friedfertiger und gerechter machen. Und es wird uns helfen, ein friedliches jüdisch-israelisches Bewusstsein für das Leid der Palästinenser zu schaffen.«

Das Land der Siedler

Die Reise durch das Land der Siedler beginnt dort, wo sie für das Ehepaar Galit und Danni Kakon vorerst endet. Eine Reise von ihrem bisherigen Wohnort im Gaza-Streifen zu ihrem neuen Wohnort namens Nitzan, ein Stück außerhalb des Gaza-Streifens, weiter im Norden, zwischen den Küstenstädten Aschkelon und Aschdod. Eigentlich nur ein kurzer Weg, vielleicht 20 oder 30 Kilometer, für die Kakons aber ein weiter Weg, sehr viel weiter als die paar Kilometer. Eine Verschleppung, eine Fahrt unter Zwang, so würden sie es vielleicht ausdrücken. Die Kakons lebten seit 15 Jahren in Gan Or, im Garten des Lichts also, einer der jüdischen Siedlungen im Gaza-Streifen, die in den nächsten Tagen geräumt werden sollen. Die Kakons, Eltern von vier Kindern, wollen nicht an diesen neuen Ort namens Nitzan, der in wenigen Monaten auf einem gerodeten Melonenfeld entstanden ist. Gleichförmige, ockergelb angestrichene Fertighäuschen, die beschönigend ›Caravillas‹ genannt werden, eine Wortneuschöpfung, die sich aus Caravan und Villa zusammensetzt. Wer, wie die Kakons und die meisten der gut 8000 Siedler im Gaza-Streifen, bislang tatsächlich in einer großzügigen Villa mit Garten gewohnt hat, dem muss dieses nach enger Campingbehausung klingende Präfix ganz übel in den Ohren klingen. Wenn es den Zustand der neuen Heimat auch ganz gut trifft. Denn viel größer als Caravans sind die Häuschen nicht.

Nitzan ist entstanden, um 2000 Siedlern aus dem Gaza-Streifen zumindest für die erste Zeit nach dem Zwangsumzug ein Zuhause zu bieten. Zwar wurde seit anderthalb Jahren in Israel über fast nichts anderes als über den Abzug geredet, aber dennoch verliefen die Vorbereitungen recht chaotisch. Lange Zeit wusste niemand, wo sie denn nun hin sollten, die vielen Siedler. Hotelzimmer und leerstehende Wohnungen wurden gemietet, irgendwann wurde die Gegend von Nitzan ins Gespräch gebracht. Innerhalb von nur drei Monaten wurden die vorgefertigten Häuser dort zusammengesetzt und mit roten Ziegeldächern versehen. Von der Schnellstraße, die die meisten der zukünftigen Nitzaner gut kennen, weil sie in Richtung Gaza-Streifen führt, ist der neue Ort durch einen Erdwall vor Lärm geschützt. Ein paar hundert Meter hinter dem Ort liegen die schönsten und bislang unberührten Strände Israels. Kein schlechter Platz also und zunächst auch nur für den Übergang, bis die ehemaligen Siedler von ihren Abfindungen neue Häuser nach Wunsch bauen können. Umgerechnet bis zu 300 000 Schekel schenkt ihnen der Staat Israel dafür, dass er sie aus dem Gaza-Streifen herausholt.

Aber auch das kann für die Kakons kein Argument sein, das für den Umzug von Gan Or nach Nitzan spricht. Sie lehnen die von ihrem Premierminister Ariel Scharon initiierte Räumung von insgesamt 25 jüdischen Siedlungen – 21 im Gaza-Streifen und vier im nördlichen Teil des Westjordanlandes – ab. Und die Ablehnung demonstriert Galit Kakon auch an diesem Tag durch ihr T-Shirt.

Dieses T-Shirt ist orangefarben. Orange ist seit Monaten die Farbe der Abzugsgegner. Auf der Rückseite steht »Gusch Katif, das ist mein Haus«, also der Block aus 17 Siedlungen im südlichen Teil des Gaza-Streifens, zu dem auch Gan Or gehört. Und die Situation erscheint einigermaßen absurd, denn nun sitzt Galit Kakon in diesem T-Shirt an jenem Ort, an dem sie an diesem Tag ihr neues Haus bekommen wird.

Es ist der 11. August 2005, vier Tage also bevor die von der Regierung festgesetzte Frist zum freiwilligen Umzug aus den Siedlungen im Gaza-Streifen abläuft. Vom 15. August an haben die Siedler noch 48 Stunden Gnadenfrist, dann wird mit Zwang geräumt.

Wäre es nicht irgendwie logisch gewesen, wenn sie ihren Widerstand durch Verweigerung am Ort des Geschehens gezeigt oder auf ein Wunder gewartet hätte, wie es so viele der Siedler tun? »Nein«, klagt sie, »wir haben keine andere Wahl, Danni ist bei der Armee beschäftigt. Wenn wir nach dem 15. noch in Gan Or sind, dann verliert er seinen Job.« Die Abfindung erwähnt sie nicht, aber es ist anzunehmen, dass auch die eine Rolle dafür spielt, dass die beiden nun nach Nitzan gekommen sind. Nur seinen Unwillen, den kann man ja wenigstens durch das T-Shirt zeigen. Das spricht ja auch für eine gewisse Standhaftigkeit und wahrt den Stolz.

In ihrem orangefarbenen Prosthemd sitzt sie nun an diesem heißen Tag unter einem Sonnensegel, das zwischen zwei ockerfarbenen Häusern gespannt ist und Nitzan etwas Kühle verleiht. Galit bräuchte nur in das Büro der für die Vergabe zuständigen Firma Amigur zu gehen und sich ihr Haus zuweisen zu lassen. Amigur heißt soviel wie ›Mein Volk soll leben‹, und das ist doch ein schönes Versprechen. Ein Mitarbeiter der israelischen Telefongesellschaft Bezeq verkauft Telefonanschlüsse, die Satelliten-TV-Firma Hot verteilt rote Lutscher und hofft, dass das süße Ding der erste Schritt zum Kauf einer Satellitenschüssel ist.

Aber bevor Galit den neuen Ort für sich entdeckt und schon einmal an die Zukunft denkt, die sie auch hier nicht ohne ein Telefon wird verbringen wollen, sitzt sie versonnen da und lutscht an dem Hot-Lolli.

Es will ihr einfach nicht in den Kopf, dass in wenigen Tagen ein Stück ihres Lebens zu Ende sein soll und sie vor dem Neuanfang in einer dieser ockergelben Caravillas steht.

Und dann erzählt sie von Gan Or. Wie schön das Leben dort gewesen ist. So schön, sagt Galit, wie es an keinem Ort der Welt sein wird. In ihrer Villa ohne das hässliche Cara davor, da hatten sie es so gut. Sie, ihr Mann und die vier Kinder, und im Garten, erzählt sie, stehen Palmen und Zitronenbäume. Wenn sie ihre Sachen gepackt haben, dann wird ihr

Haus dort für ein paar Tage in dem völlig verlassenen Ort leer stehen. Später werden Bulldozer kommen und es in Trümmer brechen. Es werden israelische Bulldozer sein, die den Ort zerstören. Sie werden Platz schaffen, ausgerechnet für die, die Galit Kakon »Terroristen« nennt, »die uns ins Meer treiben wollen«. Die Palästinenser also. Sie werden die Trümmer wahrscheinlich zum Bau eines Hafens verwerten, den sie so dringend benötigen, um unabhängig von Israel über den Seeweg Güter ein- und auszuführen. Und was Galit Kakon nicht in den Kopf will: Sie werden dort Häuser bauen. Wo sie gewohnt hat! Palästinenser, »Terroristen«, in Gan Or, ihrem Garten des Lichts, wo jetzt schon ihr Rasen verdorrt, weil sie den nun nicht mehr wässert. Es werden Häuser sein, die die Palästinenser noch viel dringender benötigen. Die Stadt Khan Yunis grenzt an den Gusch Katif, allein im Flüchtlingslager von Khan Yunis leben mehr als 60 000 Menschen in engen Gassen und Häuschen.

Der Gaza-Streifen gilt als das am dichtesten besiedelte Stück Land der Welt, gerade mal 50 Kilometer lang ist er und an den meisten Stellen nicht breiter als sechs Kilometer. 1,4 Millionen Palästinenser leben dort, in den Flüchtlingslagern von Khan Yunis, Gaza-Stadt und Deir el Balah teilen sich nach Angaben der UNO 55 000 Menschen den Quadratkilometer, in den jüdischen Siedlungen sind es gerade mal 731. Die aber nehmen ein Viertel des ganzen, kleinen Landstreifens ein.

Galit Kakon ist das vielleicht gar nicht bewusst, aber es spielt ohnehin keine Rolle für sie. Ihr geht es um ihr Schicksal. Und warum soll man sich auch Gedanken über Menschen machen, denen man das Schlimmste zutraut?

Sie fühlt sich jetzt erst einmal verraten von ihrem Premierminister. Das heißt, ihren Premierminister würde sie Ariel Scharon nicht mehr nennen. Sie sagt, er sei ein Verräter, weil er es doch immer war, auf den sich die Siedler verlassen konnten. Wie eine Vaterfigur war er, hatte den Siedlungsbau in den besetzten Gebieten stets vorangetrieben und noch vor zwei Jahren gesagt, die Siedlung Netzarim im Gaza-Streifen sei für Israel genauso wichtig wie Tel Aviv.

Seit seiner Rede bei einer Konferenz in der Küstenstadt Herzliya im Dezember 2003 und der späteren Präzisierung ausgerechnet gegenüber einem seiner größten Kritiker, dem Haaretz-Journalisten Yoel Marcus, hat aber genau dieser Ariel Scharon plötzlich die Räumung der Siedlungen im Gaza-Streifen und von vier Orten im Westjordanland zum wichtigsten Programmpunkt seiner Regierung erhoben. Er hat diesen Plan gegen den Widerstand rechter Siedler und Nationalisten durchgesetzt. Die Knesset hat zugestimmt, die große Mehrheit der israelischen Bevölkerung ist auch dafür. Nur die Siedler sind dagegen, einige haben ihm auch den Tod gewünscht, dabei ist Scharons Motivation eigentlich siedlerfreundlich: Er glaubt, durch die Räumung des Gaza-Streifens die meisten Siedlungen im Westjordanland für Israel sichern zu können, nur vier kleine Dörfer werden dort jetzt verlassen, bestehende Siedlungen werden dagegen großflächig erweitert.

Seitdem Israel im Sechstage-Krieg 1967 den zuvor ägyptischen Gaza-Streifen besetzt hat, waren auf dem schmalen Stück Land 21 jüdische Siedlungen entstanden. Sie werden bewohnt von Ultra-Orthodoxen und weniger Religiösen, die diesen sandigen Streifen am Meer für biblisches Land halten, von Gott dem Volk Israel versprochen. Andere sind gar nicht religiös und leben dort, weil das Mittelmeer direkt vor der Haustür in der Sonne glitzert und weil die Häuser so groß und billig sind. Den meisten Israelis waren die Siedlungen im Gaza-Streifen zunehmend als sinnlos erschienen, als zu teuer und gefährlich.

Zum Beispiel jenes Netzarim, das Scharon zuvor noch als so wichtig für Israel bezeichnet hatte.

Es ist die vielleicht absurdeste jüdische Siedlung. Ein Dorf mit 400 Einwohnern, das 1972 mitten im Gaza-Streifen entstanden war. 1000 israelische Soldaten sind dort stationiert, um die Bewohner vor palästinensischen Terroristen zu schützen. Das Gebiet rundherum ist planiert, damit Eindringlinge von einem Dutzend Wachtürmen aus schnell entdeckt – und notfalls erschossen – werden können. Wer von Israel aus nach Netzarim will, muss mit einem Zubringerbus mit Panzerglas durchs Feindesland fahren. Jede Stunde fährt er hin und her. Zu gefährlich war die Fahrt im Privatauto geworden. Zu oft hatte es Tote gegeben.

Oder der Weg in den Gusch Katif, er ist nicht viel angenehmer. Er führt über eine Straße, die mit Zäunen, Betonwänden und Panzern geschützt ist. Wer diese Straße benutzt, fährt mit der Angst vor Anschlägen, Ende Juli wurde dort ein Ehepaar auf dem Weg nach Jerusalem erschossen. Aber für Galit ist das längst Routine, ihr ist ja auch nie etwas passiert. Und die Kassam-Raketen und Mörser-Granaten, mit denen die Siedlungen so oft beschossen wurden? »Ach«, meint Galit, »6000 Raketen und Granaten haben die Terroristen abgeschossen, aber nur zwei Leute starben.« Außerdem hätten die Geschosse Gan Or nie erreicht. Was sie sagt, stimmt nicht. Laut der offiziellen Statistik sind jedes Jahr 40 Menschen ums Leben gekommen, Soldaten und Zivilisten, aber Galit glaubt das nicht. Vielleicht konnte man dort nur leben, indem man sich immer wieder einredete, es sei doch alles sehr, sehr schön. Nicht zu vergessen die Nachbarn, alle so nett und hilfsbereit. »Ich musste mein Auto nie abschließen und die Haustüre auch nicht, weil ich mir sicher sein konnte, dass niemand etwas stiehlt.« Das sei außerhalb der kleinen Welt der Siedlungen anders: »In der Stadt gibt es Diebe.« So stilisiert Galit Kakon sich und die anderen Siedler zu besseren Menschen, die in einer heilen Welt gelebt haben. Der Einwand hilft auch nicht, dass sie in Nitzan die gleichen Nachbarn haben wird wie in Gan Or. Das neu entstandene Dorf ist so angelegt, dass die Siedlungen im Miniformat in Straßenzügen erhalten bleiben. »Das ist nur der Diamant, dass wir sie in unserer Nähe haben, aber das Gold fehlt, mit dem er eingefasst ist«, erklärt Galit. Also die Bäume, der Strand und das Gefühl, zu den Pionieren zu gehören, die das Land Israel besiedeln und nutzbar machen.

Aber was ist mit den Palästinensern, denen das Land gehört, auf dem sie seit 15 Jahren lebt? Die die Hauptstraße von Norden nach Süden nicht durchgehend benutzen können, damit die Siedler auf ihrer Straße freie Fahrt haben? Deren Städte so dicht besiedelt sind, dass sie dringend mehr Platz brauchen?

Das sind Fragen, mit denen man einer wie Galit erst gar nicht kommen sollte. Sie ist religiös und meint, dass der Gaza-Streifen zu jenem Land gehört, dass Gott den Juden versprochen hat. Dagegen zu argumentieren ist unmöglich. »Das steht schon in der Bibel. Ihr habt doch auch die Bibel, da kannst du es nachlesen.« Wo in der Bibel? »Das weiß ich nicht genau, aber du kannst jeden Rabbi fragen«, erwidert sie. Und dann folgt das Argument, das immer wieder ausgepackt wird und so absurd ist, dass es danach Zeit wird, das Gespräch zu beenden: »Wir haben nur dieses kleine Land, warum müssen wir gehen und nicht die Araber? Die haben so viele Länder, da können sie hin. Weißt du, wie viele arabische Länder es gibt? 200!«

Nun drängt Danni, ihr Mann. Er hat eine Klarsichthülle in der Hand, darin sind die Schlüssel zu ihrem neuen Haus und die Fernbedienung für die Klimaanlage. Über Straßen, die noch asphaltiert werden, vorbei an Bauarbeitern, die Wege pflastern, gehen Danni und Galit ihrer Zukunft entgegen. Als sie das Haus mit der Nummer B7-02 sehen, ist der Moment gekommen, der nur enttäuschend sein kann. Viel zu klein ist es. »Wir hatten 200 Quadratmeter, jetzt müssen wir auf 90 leben«, sagt Danni. Zwei Kinderzimmer gibt es, in ihrem jetzigen Haus haben alle vier Kinder ein eigenes Zimmer. »Danni«, ruft Galit aus dem Schlafzimmer, »hier passt unser Bett nicht rein.« Als sie das Bad sieht, schüttelt sie den Kopf: »Wir haben einen Whirlpool, den können wir jetzt einmotten.« »Ay, ay, ay«, hört man Danni aus der Küche seufzen, er inspiziert die nachlässig gestrichenen Wände und sucht einen Platz für den Familienkühlschrank. »Das ist der Preis, den wir für den Terror zahlen.«

Sie werden aber einziehen. Jetzt haben sie ja keine andere Wahl mehr. Der Job bei der Armee, die Kinder, die Frist zum freiwilligen Umzug, die Abfindung.

Aber ist es nicht einfach nur ein Umzug mehr für sie? So, wie sie damals in den Gaza-Streifen gezogen sind, so ziehen sie jetzt wieder heraus? »Nein«, meint Galit. »Der Unterschied ist wie der zwischen zärtlicher Liebe und einer Vergewaltigung: Das eine will man, das andere ist schrecklich.« Die beiden werden jetzt ihre Sachen packen, was nicht ins neue Haus passt, wird in einem Container gelagert. »Wir werden hier nie heimisch werden«, sagt Galit.

Aber das müssen sie ja auch gar nicht. Bald werden sie um mehr als eine Million Schekel reicher sein, davon können sie sich irgendwo ein schönes Haus bauen. Vielleicht kommen die Nachbarn mit, dann wird es nett. Und dann könnte sich herausstellen, dass die anderen Israelis auch gar nicht so schlechte Menschen sind. Dann wird Galit auch dort nie das Auto abschließen müssen.

* * *

Daniella Weiß empfängt ihren Besuch in einer Art Wohncontainer, einer Garage mit Fenstern, die auch noch vergittert sind. Neben einem anderen ebenso schmucklosen Flachbau und einer Wellblechhalle steht ihr Büro einsam auf einem kargen Feld. Straßen führen ins Nichts, Laternen ragen stumm und sinnlos in die Höhe, weil es nichts gibt, was sie beleuchten könnten. Die Hütte, in der Daniella Weiß in der Kühle einer fleißigen Klimaanlage an ihrem Schreibtisch sitzt, könnte auch eine Forschungsstation in der einsamen Steppe eines riesigen Landes sein. Betrieben von Frauen mit langen Kleidern und geknoteten Tüchern auf dem Kopf. Doch es ist alles ganz anders: Der Flachbau ist das Rathaus der jüdischen Siedlung Kedumim im nördlichen Westjordanland, das von den Siedlern nach dem biblischen Namen Schomron, also Samaria, genannt wird. Daniella Weiß ist die Bürgermeisterin des Ortes, und seit einiger Zeit befindet sich das Rathaus nicht mehr in der grünen Mitte Kedumims, dieser 1975 entstandenen Siedlung, sondern einige Kilometer entfernt auf diesem Feld.

Weiß redet mit einer angenehmen Stimme, ihre Augen blicken milde, Lachfalten haben sich wie Strahlen um sie herumgelegt. Sie benutzt ihre Hände, um die wichtigsten Passagen ihrer ausufernden Antworten zu unterstreichen, und sie lacht häufig. Aber das alles sollte nicht darüber hinwegtäuschen, dass Daniella Weiß zu den radikalsten Personen innerhalb des strengreligiösen Zweiges der Siedlerbewegung gehört.

Es ist nur ein paar Tage her, seitdem es im Gaza-Streifen keine jüdischen Siedler mehr gibt. Nach nur einer Woche waren die 21 Orte leergeräumt, über den Schabbat kehrte kurz Ruhe ein, dann vergingen noch einmal zwei Tage, und auch die vier zur Räumung bestimmten Siedlungen in Samaria existierten nicht mehr. Die Räumung ging viel schneller als erwartet. Viele Siedler hatten schon vorher ihre Sachen gepackt und waren gegangen. Ab und zu brannten Müllcontainer, Bulldozer schoben Straßenblockaden beiseite, viele Widerständler mussten von Soldaten weggetragen werden, einige vergossen Farbe. Ansonsten war wenig zu sehen von den schweren Krawallen, in die der Widerstand führen werde. Schon am Tag danach redete niemand mehr von dem Trauma für die Siedler, ja für das ganze Land, das der Abzug angeblich im Stande sei auszulösen.

Weiß verbrachte die Tage des Abzugs größtenteils in einer Zelle der israelischen Polizei; dorthin hatte man sie gebracht, weil sie so heftig protestiert hatte. 1985 wurde sie zur Generalsekretärin der Siedlervereinigung Yescha-Rat gewählt, deren Name sich aus den ersten Buchstaben der hebräischen Wörter für Judäa, Samaria und Gaza zusammensetzt. Aber selbst dort galt sie schon bald als zu radikal. Nachdem 1994 der jüdische Siedler Baruch Goldstein aus der Siedlung Kiriat Arba bei Hebron 29 Moslems hinterrücks erschossen hatte, die gerade in der Moschee beteten, war es vor allem Weiß, die dieses Massaker guthieß. Dafür wurde sie aus den eigenen Reihen zum Teil scharf kritisiert.

Der Besuch bei ihr ist der Versuch, einen Ausblick in die Zukunft der Siedlerbewegung zu machen. Wie soll es weitergehen, nachdem die Siedlungen so schnell und überraschend unproblematisch geräumt waren? Wie geht jemand damit um, der das Siedeln auf biblischem Land zu seiner Lebensaufgabe gemacht hat? Für Weiß ist es eine Niederlage. Sie waren sich so sicher, der Abzug werde nie und nimmer stattfinden. Sie würden ihn verhindern mit ihren Protesten und Gebeten. Und jetzt?

Daniella Weiß sitzt also an ihrem Schreibtisch in diesem Bürocontainer. Das ist zunächst wichtig, um zu verstehen, woher diese Frau kommt und was sie antreibt: warum sie in diesem Container residiert oder regiert, was vielleicht besser zu dieser charismatischen, machtbewussten Bürgermeisterin passt, der Stimme vom ultrarechten Siedlerrand. Daniella Weiß nimmt einen Strahler in die Hand und schickt einen roten Punkt auf eine Luftbildaufnahme von Kedumim, die in ihrem Büro an der Wand lehnt. Sie kreist den Hauptort ein, nicht zu übersehen ist die reiche Vegetation, typisch für die jüdischen Siedlungen, die über ausreichend Wasser verfügen, um selbst in der kärgsten Landschaft üppige Bäume, blühende Hecken und saftige Rasenflächen herzuzaubern. Dazwischen leuchten rote Ziegeldächer. Das ist, wenn man so will, Alt-Kedumim. Die erste jüdische Siedlung im nördlichen Westjordanland. Daniella Weiß war an ihrer dramatischen Gründung beteiligt.»Kedumim ist der Ort, an dem wir begonnen haben, wieder jüdisches Leben in Samaria zu etablieren.

Und ich war von Anfang an dabei«, sagt sie. Der Anfang liegt lange zurück. 31 Jahre. Was damals geschah und was daraus geworden ist, ist wichtig, wenn man verstehen will, warum ihr Rathaus ein Container ist. Und dann wird man auch verstehen, was sie will und weshalb sie weiterkämpfen wird, auch gegen den, der damals zu den größten Unterstützern gehörte. Ariel Scharon.

Also, der Anfang.

Kurz nach dem Krieg von 1967 bildete sich eine Gruppe Gleichgesinnter, die das Westjordanland besiedeln wollten. Sie nannten sich Gusch Emunim, Block der Getreuen, und folgten dem Rabbiner Zvi Jehuda Kook, der die Lehre seines Vaters, Abraham Yitzchak Kook, fortführte. Der jüngere Kook, damals schon über 80 Jahre alt, rief zu einem Erlösungsaktivismus auf. Nachdem die israelische Armee im Westjordanland das Land der Stammväter erobert hatte, müsse es besiedelt werden. Für Kook entsprach das dem göttlichen Gebot. Kooks Schüler sollten als Siedler aktiv werden, um so die Erlösung des jüdischen Volkes voranzutreiben. Bereits sein Vater hatte im Zionismus den Beginn des messianischen Zeitalters gesehen. Damit hatte er sich gegen die herrschende Lehre gestellt, die davon ausging, der Messias werde erst in sehr ferner Zukunft erscheinen, woran auch die Taten weltlicher Politiker und die Gründung eines Staates namens Israel nichts ändern können.

Im April 1968 zog die erste Gruppe von Kook-Schülern aus und mietete sich im Hotel Palace in der palästinensischen Stadt Hebron ein. Ihr Anführer war Mosche Levinger. Sie wollten in Hebron das Pessach-Fest verbringen, tarnten sich als Touristen, denen es insgeheim darum ging, als Juden wieder in der Stadt zu siedeln, in der die Gräber ihrer Patriarchen stehen und in der es bis zu einem arabischen Pogrom 1929 eine jüdische Gemeinde gegeben hatte. Als der ahnungslose Hotelbesitzer sagte, die Gruppe könne bleiben, so lange sie wolle, soll Levinger geantwortet haben: »Bis der Messias kommt.« Sie machten die Küche koscher und feierten das Pessach-Fest mit dem Seder-Mahl. Am nächsten Tag erklärten sie das Hotel zum ersten Haus ihrer Siedlung. Später ging daraus die fundamentalistische Siedlung Kirjat Arba hervor. Zu deren ersten Bewohnern gehörte ein Mann namens Benni Katzover mit seiner Familie.

Daniella Weiß spielte zu diesem Zeitpunkt in der Siedlerbewegung noch keine Rolle. Die in den vierziger Jahren geborene Tochter polnischer und US-amerikanischer Juden studierte an der Tel Aviver Bar Ilan-Universität englische Literatur und Politikwissenschaften. Ihre Familie war orthodox, aber erst nach dem Yom Kippur-Krieg 1973 vermischten sich bei Weiß Religiosität und Nationalismus so sehr, dass sie sich zu den Kook-Anhängern hingezogen fühlte. Sie war fasziniert von dem Vorgehen der Gruppe um Levinger, der es dank ihrer Dreistigkeit und Gewitztheit gelungen war, in Hebron zu siedeln.

Sie schloss sich Katzover an, dem es schon bald nicht mehr genügte, in Kirjat Arba zu wohnen. Er wollte weiterziehen, in den nördlichen Teil des Westjordanlandes und dort seinen Teil zur beschleunigten Ankunft des Messias durch rege Siedlungstätigkeit beitragen. Er hatte auch schon einen Ort dafür ins Auge gefasst: Elon Moreh, die Eiche des Lehrers, jener biblische Ort also nahe der Stadt Sichem (das auf arabisch Nablus heißt), an dem Abraham die erste göttliche Verheißung erhalten haben soll: »Und Abraham zog weiter bis an die Stätte Sichem und an den Hain Moreh; es wohnten aber zu der Zeit die Kaaniter im Lande. Da erschien der Herr dem Abraham und sprach: Deinem Samen will ich dieses Land geben. Und er baute daselbst einen Altar dem Herrn, der ihm erschienen war.« So steht es im 1. Buch Mose, im 12. Kapitel, Verse 6ff. Auch Katzover wollte dorthin, mit einem Unterschied zu Abraham: Während der nach dem Bau des Altars weitergezogen war, wollte Katzover bleiben und in Elon Moreh leben.

Es gab allerdings ein Problem: Die damalige israelische Regierung fühlte sich dem so genannten Allon-Plan verpflichtet. Die Strategie des damaligen Hausbauministers Yigal Allon sah vor, auf den Hügeln oberhalb des Jordan-Tals eine Reihe jüdischer Siedlungen zu gründen, als Abwehrbollwerke gegen das feindliche Jordanien im Osten. Elon Moreh aber sollte auf einem Hügel über der palästinensischen Stadt Nablus wieder errichtet werden, mitten im dort dicht besiedelten Westjordanland. In jenem Gebiet also, das Verhandlungsmasse für eine Friedenslösung mit den Palästinensern war. Die Regierung wollte dort keine Siedlungen und ließ das Katzover auch spüren.

Bei dem ersten Versuch, eine neue Siedlung mit dem uralten Namen Elon Moreh zu gründen, zog Katzover mit Daniella Weiß und rund hundert Mitstreitern auf einen Hügel in der Nähe von Nablus. Er wählte dazu den 5. Juni 1974 aus, den siebten Jahrestag des israelischen Angriffs im Krieg von 1967. Die Gruppe erhielt Unterstützung durch einen der prominentesten Soldaten des Landes, dessen politische Karriere erst noch bevorstand: Ariel Scharon, damals Knesset-Abgeordneter und überzeugter Anhänger der Idee, allein aus Sicherheitsgründen überall im Westjordanland jüdische Siedlungen zu gründen. Er bewunderte die Schüler von Rabbi Kook für ihre Entschlossenheit, und ihr religiöser Eifer kam ihm für das Erreichen seiner Ziele entgegen. Also willigte er ein, als er gefragt wurde, ob er den über 80-jährigen Kook von Jerusalem nach Elon Moreh fahren könne. Als Scharon mit Kook auf den Hügel kam, waren dort schon erste Zelte aufgebaut, es wurden Bäume gepflanzt, mit Stacheldraht wurde das Gebiet gesichert, eine israelische Flagge wehte im Wind. Scharon schreibt in seiner Autobiographie: »Überall wurde gebaut und gesungen, die Luft war erfüllt von der Kameradschaft und Entschlossenheit, wie sie die Kibbuzniks in früheren und schwereren Zeiten auszeichneten.« Auch Rabbi Kook pflanzte einen Baum, dann segnete er seine fleißigen Schüler.

Gegen Abend rückte die israelische Armee an, um das Zeltdorf zu räumen. Fest entschlossene Soldaten standen ebenso fest entschlossenen Neusiedlern gegenüber, mittendrin saß der alte Rabbi in seinem schwarzen Kaftan. Ariel Scharon ließ sich ein Armeetelefon geben und versuchte Premierminister Yitzchak Rabin zu überzeugen, die Siedlung nicht gewaltsam zu räumen. Vergeblich. Rabin gab nicht nach, und es folgte eine lange Diskussion. Scharon berichtet: »Am Ende machte ich einen Vorschlag: Die Siedler würden gehen, aber es sollte ihnen erlaubt werden, in einer der Armeebasen in Samaria Quartier zu beziehen, bis eine endgültige Lösung gefunden war.« Rabin war einverstanden, und die meisten der Siedler schienen das auch zu sein. Als sie es mit Rabbi Kook besprachen, schüttelte der den Kopf. Er wollte nicht akzeptieren, dass Juden kein Recht darauf haben sollten, auf ihrem eigenen Land zu siedeln. Alle Versuche Scharons, ihn zu überzeugen, scheiterten: »Ich sagte ihm, dass das Armee-Camp der Anfang der Besiedlung Samarias sein könne. Er blickte mich an und sagte nur ein Wort: ›Nein.‹«

So wie Scharon die Räumung beschreibt, scheint sie ganz ähnliche Bilder erweckt zu haben wie die Räumung der Siedlungen im Gaza-Streifen und in Samaria, die Scharon 31 Jahre später selbst veranlasste: Soldaten marschierten auf, durchtrennten den Stacheldrahtzaun und trugen die Siedler in bereitstehende Busse. Scharon sah Rabbi Kook, einen dünnen, zerbrechlichen Mann, der sich an einem Zaunpfahl festhielt, um nicht so leicht weggetragen zu werden. Andere gruben mit bloßen Händen in der Erde, um sich an Steinen festzuklammern. Menschen wurden über den Boden gezogen, einige Soldaten weinten. Es dauerte mehrere Stunden, bis die Soldaten alle Siedler und Rabbi Kook in die Busse gebracht hatten.

Zwei Monate später brachen sie erneut auf. Diesmal zog Katzover mit 2000 Anhängern zu der ehemaligen türkischen Eisenbahnstation Sebastia nordwestlich von Nablus. Prominente Unterstützung sicherte ihnen diesmal Menachem Begin, der Oppositionsführer in der Knesset und spätere erste Premierminister des rechten Likud-Blocks. Diesmal brauchte die Armee fünf Tage, um die Siedlung aufzulösen.

Noch fünf Mal ging das so. Die Siedler zogen auf einen Hügel in Samaria, sie brachten Stacheldraht, Zelte und jede Menge Entschlossenheit mit, abends kam die Armee und löste ihr Zeltlager auf. Dem festen Willen der Kook-Schüler tat das aber keinen Abbruch, und im Dezember 1975, bei ihrem achten Siedlungsversuch, hatten sie Erfolg. Yitzchak Rabin gab zermürbt nach und erlaubte den Siedlern, sich in einem Militärlager nahe dem palästinensischen Ort Kadum niederzulassen. Aus diesem Lager wurde die Siedlung Kedumim. Daniella Weiß war dabei, als die Besiedlungsversuche Samarias durch Katzovers Gruppe endlich zu einem Ergebnis gekommen waren. Sie blieb in Kedumim und wurde zu einer der entschlossensten Kämpferin für jüdisches Leben in dem Land, das eines Tages Teil eines palästinensischen Staates sein soll.

Das war der Anfang. Kedumim ist inzwischen eine der größten jüdischen Siedlungen im nördlichen Teil des Westjordanlandes. Auf den Hügeln neben dem Hauptort sind neue Vororte entstanden, es gibt mehrere Synagogen, ein Museum, Schulen, eine Musikakademie.

Alles ist auf dem Luftbild eingezeichnet, auf dem Daniella Weiß mit ihrem roten Punktstrahler kreist. Kedumim ist zerfranst, vom ersten Hügel zum nächsten gewachsen, dann zu einem anderen, immer weiter. Die Ausdehnung in alle Richtungen ist kein Zufall, sie folgt einem Plan. »Wir wollen so viel Land wie möglich einnehmen«, erklärt Weiß. In einem Interview hat sie das Land einmal mit einem Stück Kuchen verglichen, der ihr sehr gut schmecke und von dem sie noch lange nicht genug habe. Sie glaubt, dass es ihr Land ist, dass sie heimgekehrt ist, sie liebt es, sie will mehr davon. Und daran lässt sie sich auch von der eigenen Regierung nicht hindern.

Deshalb liegt das Rathaus so weit entfernt von seiner Stadt. Als Weiß es dorthin verlegte, ging es um nichts anderes, als der eigenen Regierung und vor allem Ariel Scharon, dem Mitstreiter aus alten Tagen und heutigen Gegner, im Kampf um das Land ein Schnippchen zu schlagen. Weiß fährt mit dem Punktstrahler etwas oberhalb des bestehenden Kedumim entlang, sie malt eine imaginäre Mauer. »Scharon hat beschlossen, hier die Mauer zu bauen«, sagt sie. Dadurch soll Kedumim Teil eines großen, verzweigten Stück Landes mit diversen Siedlungen werden. Dieses Land liegt zwar bis zu 20 Kilometer weit im palästinensischen Westjordanland, wird aber durch die Mauer ein Teil von Israel. Weiß genügte das nicht, also suchte sie sich einen Hügel, der hinter der geplanten Mauerroute lag. Sie hat dort ein Areal markiert, es einzäunen lassen und es »Bar-On-Industriepark« genannt. Das muss ein bisschen so wie früher gewesen sein, als sie auf irgendeinen Hügel stiegen und ihn Elon Moreh nannten. Dann hat die Bürgermeisterin Straßen planieren lassen und eine Halle aufgestellt, daneben wurde das Rathaus gesetzt. Zwar war das alte schön zentral, aber dafür hat sie jetzt wieder das Gefühl, mit der jüdischen Besiedlung Samarias weitergekommen zu sein, als es die Regierung will. »Als die Mauerroute bekannt wurde, haben wir gehandelt und sind einfach drüber gesprungen«, berichtet sie und lächelt dabei wie eine, die weiß, dass das vor allem ein guter Trick war. Denn die Regierung wird ja wohl kaum diesen wichtigen Ortsteil ausschließen können.

Es war ihr bislang letzter Coup, ansonsten hat Daniella Weiß in der letzten Zeit ziemlich viel einstecken müssen. Sie braucht sich nur umzudrehen und durch das vergitterte Fenster ihres Amtssitzes zu schauen. Auf einem der nächsten Hügel sieht sie die Reste der Siedlung Homesch, einer der vier jüdischen Orte im Westjordanland, die geräumt wurden. »Jetzt werden die Häuser abgerissen.« Sie nennt den Abzug aus den Siedlungen »eine schreckliche Katastrophe«. Jedes Sandkorn jüdischen Bodens sei heilig, davon gebe man nichts weg, schon gar nicht an Feinde. Dafür hat sie das Land hier damals nicht besiedelt.

Nun aber ist es geschehen, und Weiß will es gar nicht beschönigen: Eine Niederlage haben sie erlitten, die Siedlerbewegung hat versagt. Sie kann es sich nur so erklären, dass andere in ihrer Ablehnung nicht genau so entschlossen waren wie sie. Denn dann wäre die Katastrophe verhindert worden. Einer ihrer Schwiegersöhne zum Beispiel. Der ist, oder besser war, ein hoher Offizier bei der Armee. »Ich habe alle meine Kräfte aufgebracht, um ihn dazu zu bringen, bei dieser Zerstörung und der Vertreibung nicht mitzumachen«, erzählt sie. Und wie sie über Monate mit ihm geredet habe, immer wieder bekam er zu hören, er solle den Dienst verweigern. Sie schrieb ihm einen langen Brief, darin machte sie ihn darauf aufmerksam, dass danach sein Leben und das der ganzen Familie nicht mehr dasselbe sein werde; sie jedenfalls werde ihm das nicht verzeihen können. Wenn das wie eine Drohung klingt, dann war das durchaus beabsichtigt, denn Daniella Weiß war es sehr ernst. Und man denkt in diesem Moment, in dem sie das in allen Einzelheiten erzählt, wie es sein muss, einer ihrer Schwiegersöhne zu sein. Sicherlich nicht immer ein Vergnügen. Dem Sohn sagte sie noch, er werde sich nach der Verweigerung fühlen »wie ein Cohen, ein Hohepriester, der vor dem Dienst im Tempel seinen Körper im Ritualbad reinigt. Du weißt, dass die Armee wichtig ist«, erklärte sie dem Schwiegersohn, »aber das kollidiert mit höheren Werten.« Er werde sich fühlen wie jemand, der aus dem Gefängnis entlassen wurde.

Sie hat sich durchgesetzt, der Mann ihrer Tochter hat verweigert. Und sie resümiert: »Jetzt sitzt er zu Hause und wartet, was ihm passiert.« Seine Karriere als Soldat ist damit sehr wahrscheinlich beendet. Ob er sich wirklich so gut und so rein fühlt?

Weiß jedenfalls hat diese Entschlossenheit bei anderen vermisst. Es war ja lange befürchtet worden, dass Massenverweigerungen nicht nur für die Armee gefährlich seien, sondern vor allem den Abzug unmöglich machen könnten. Am Ende gab es kaum Verweigerer, und Weiß ist sich sicher, dass mehr entschlossene Schwiegermütter hier einiges hätten ausrichten können. Aber zu lasch waren die meisten, eigentlich alle, von denen sie mehr erwartet hätte, um den heiligen Boden zu retten. Sie selbst wurde mehrfach festgenommen, sie forderte die Jugendlichen auf, die Reifen der Armeejeeps kaputt zu stechen. Sie wollte viel radikaler sein, aber den größeren Einfluss hatten »verängstigte Rabbis, die sich bloß mit niemandem anlegen wollen,« und der Mainstream in der Siedlerbewegung: »Ich gehöre zur Opposition im Yescha-Rat«, sagt Weiß, »die meisten dort leiden unter ihrem Pragmatismus. Sie sind viel zu stark an die Budgets gebunden, die sie von der Regierung kriegen. Klar, sie wollten nicht gegen die kämpfen, von denen sie das Geld kriegen.«

Wie aber soll es jetzt weitergehen? Entspricht das noch der Lehre des Rabbi Kook, dem auch sie gefolgt ist? Seit 1948 war es ja immer aufwärts gegangen, erst die Staatsgründung, dann die Eroberung des Westjordanlandes, die Besiedlung Judäas und Samarias. Schritt für Schritt in Richtung Ankunft des Messias, Menschenwerk für die Erlösung. Daran glaubt Weiß. Aber was jetzt? Ist die Aufgabe von 25 Siedlungen nur ein Rückschlag? Passt sie ins Konzept? Ist es das Ende?

Wer so fest glaubt wie Weiß, der ist von so etwas bestenfalls enttäuscht, aber erschüttern tut das den Glauben nicht. Eher im Gegenteil. Die Räumung scheint Trotz bei ihr auszulösen. Sie greift ein Stück Papier und legt es vor sich auf die braune Holzplatte ihres Schreibtisches. Sie malt eine Art Aktienkurve darauf, die immer nach oben weist, die manchmal etwas einknickt, der letzte Knick nach unten ist größer, aber am Ende weist die Kurve wieder nach oben. »Es ist immer noch der Prozess in Richtung Erlösung«, erläutert sie, die Kurve soll zeigen, dass alles in Ordnung ist. Weiß vertraut und baut jetzt vor allem auf die jungen Leute aus den Siedlungen. »Sie sind unser

Test. Wenn wir die jungen Leute nicht hätten, um unser Werk fortzusetzen, dann wäre kein Leben mehr in unserer Sache.« Auch deshalb ist Weiß in den letzten Wochen oft in den Siedlungen unterwegs gewesen, um sich mit diesen Hoffnungsträgern zu unterhalten und um sie zu motivieren. Während des Abzuges hat sie Bilder gesehen, die ihr Mut gemacht haben. Die, die in Siedlungen wie Newe Dekalim oder Kfar Darom im Gaza-Streifen den härtesten Widerstand geleistet haben, waren sehr oft Jugendliche. »All diese Jungen, diese Zehntausend, die mitgemacht haben in diesem Kampf, die hätten doch auch an den Strand gehen können, um dort ihre Ferien zu verbringen«, sagt Weiß, »dann hätte ich gesagt, wir haben total versagt. Aber sie haben für die Gemeinden gekämpft.« Ihre Schlussfolgerung: »Wir haben eine große Menge an jungen Leuten, mit denen wir weiter unser Land aufbauen können.« Die sieht sie sogar gestärkt und für die Zukunft gewappnet. »Der Glaube wird nicht an normalen Tagen getestet, sondern in Krisenzeiten«, behauptet sie, »wenn es viele Gründe gibt, Gott die Gefolgschaft zu versagen.« Bei ihren Treffen mit Jugendlichen in Kedumim und anderswo habe sie genau diesen Eindruck gehabt. Einer habe ihr gesagt, seine ganzen Sommerferien habe er dieser herzzerreißenden Schlacht für den Erhalt Israels gewidmet. Bekommen habe er dafür zerstörte Gemeinden. Aber er wolle sich nicht beklagen. Stattdessen stehe er bescheiden vor seinem Gott, und er fühle, dass sein Glaube und der seiner Freunde nicht erschüttert sei.

So fühlt sie sich doch gerüstet für die Zukunft. Trotz der Katastrophe, trotz der Niederlage. Sie wird weiterkämpfen und sich dabei gestärkt fühlen durch die Prüfung vor Gott, die auch sie bestanden zu haben glaubt.

Daniella Weiß ist zu diesem Entschluss gekommen, er ist ihr Rezept für die Zukunft. Dann verabschiedet sie sich. Sie muss sich jetzt wieder ihren Bürgermeisterinnen-Aufgaben widmen. Sie will mit ihrem Rathaus nicht lange allein bleiben im Bar-On-Industriepark, diesem freien Feld, auf dem die

Straßenlaternen sinnlos in der Gegend stehen und bald etwas beleuchten sollen.

Den Rückzug Israels aus dem Gaza-Streifen hat sich Dror Etkes aus der Ferne angeguckt, eigentlich hat er ihn nur ganz am Rande wahrgenommen. Er war mit seiner Freundin und den beiden Töchtern in Deutschland. Sie waren in Franken, wo seine Freundin herkommt, sie saßen auf der Terrasse ihrer Eltern und tranken Wein.

Etkes sitzt in einem Café in Jerusalem und erzählt vom Urlaub. Er schwärmt und schmeckt den Frankenwein mit schmatzenden Lippen nach. Ein paar Tage hat er auch in Berlin verbracht. Mit einem wohligen Blick berichtet er, wie er endlos mit dem Fahrrad durch die Stadt gefahren ist, in der er in den Neunzigern gelebt hat. Er fuhr durch Mitte und Kreuzberg, an einem Tag bis nach Potsdam und zurück. Er legte Zwischenstopps in Cafés ein, und wenn eine Zeitung herumlag, dann sah er darin die Berichte aus Israel. Manchmal hat er sie gelesen. Von einer Frau war die Rede, die sich aus Protest gegen die Räumung des Gaza-Streifens angezündet hatte. Er sah Bilder von brüllenden Siedlern, die von Soldaten an Armen und Beinen weggetragen wurden. Etkes schüttelt den Kopf. Weit weg war das alles in dem Moment. Als gehörte es nicht zu ihm. Dabei ist es genau das, was ihn seit Jahren beschäftigt und an seinem Land leiden lässt.

Etkes und die Siedler. »Settlement Watch Team«, so steht es auf seiner Visitenkarte der israelischen Friedensorganisation ›Schalom Achschaw‹. Das heißt ›Frieden jetzt‹, 1978 wurde sie gegründet und wartet seitdem darauf, dass sich die Forderung, die aus dem Namen spricht, erfüllt. Obwohl – sie wartet natürlich nicht darauf, sondern tut etwas dafür. Sie ruft zu Demonstrationen auf und kreidet das Unrecht der Besatzungsherrschaft über die Palästinenser an. Im Sommer 2005 verteilte ›Frieden jetzt‹ blaue Stoffbänder, die sich die Befürworter des Abzugs Israels aus dem Gaza-Streifen an die Antennen ihrer Autos binden sollten, um den Abzugsgegnern mit ihren orangefarbenen Bändchen etwas entgegenzusetzen. Und dann gibt es das Settlement Watch Team, das eigentlich nur aus Dror Etkes besteht. Der 37-Jährige ist der Siedlungsbeobachter von ›Frieden jetzt‹, und er ist es seit 2001 mit viel Engagement, vor allem aber mit Tausenden von Kilometern auf dem Tacho. Mehrmals in der Woche fährt er mit einem Geländewagen durchs Westjordanland und beobachtet, wo Siedlungen ausgebaut werden oder wo neue entstehen. Er sammelt alle Informationen darüber und veröffentlicht sie, um möglichst vielen Israelis zu zeigen, wofür ihr Staat jedes Jahr Unsummen an Steuergeldern ausgibt. Etkes ist sozusagen für das schlechte Gewissen seiner Landsleute zuständig, denen er vorwirft, dass sie überhaupt nicht wissen, wie sich die Besatzung für die Palästinenser auswirkt, »weil die meisten Israelis ein absolutes Desinteresse an dem haben, was hier passiert. Es ist eine Mischung aus Ignoranz, Gleichgültigkeit und der Weigerung, Verantwortung zu übernehmen«. ›Frieden jetzt‹ will das ändern. »Wir zeigen den Leuten, wie die Besatzung funktioniert, wo die Siedlungen sind, wie sie entstehen und was sie kosten.« Was im Westjordanland passiert, nennt Etkes eine Gefahr für den Staat Israel. »Ich sehe nicht, wie eine moderne, offene Gesellschaft funktionieren soll, wenn im Hinterhof ein Apartheidsystem unterhalten wird«, sagt er. Und er fragt sich, wie sein Staat weiter existieren kann, wenn 2,5 Millionen Menschen permanent unter Besatzung gehalten werden. »Täglich werden hier mit Unterstützung der Regierung Fakten geschaffen, mit dem Ziel, große Teile des Westjordanlandes zu annektieren.« Der das sagt, gilt wohl unumstritten als der bestinformierte Mensch über alles, was mit den Siedlungen zu tun hat.

Dafür ist er fast täglich unterwegs, dafür setzt er sein Leben aufs Spiel, weil ihn Palästinenser für einen Siedler halten und die Siedler ihn auch nicht leiden können – beides kann gefährlich sein. Für seinen Job vernachlässigt er seine Familie und zögert den Abschluss seines Geschichtsstudiums an der Hebräischen Universität immer weiter hinaus.

Ist man mit Etkes unterwegs, dann klingelt häufig das Telefon. Am anderen Ende ist meistens ein Journalist mit Fragen zu den Siedlungen. Etkes hat vor dem US-Kongress über seine Arbeit berichtet, in Israel ansässige Botschaften informieren sich bei ihm, die Süddeutsche Zeitung hat ihn »die lebende Landkarte des Westjordanlandes« genannt.

Allerdings: So ein Urlaub in Deutschland, dieses andere Leben, hat ihm mal wieder gezeigt, dass er es eigentlich längst bleiben lassen sollte. Weil er in seinem Job so vieles erlebt, das ihn nur frustriert und ihm deutlich macht, dass es noch sehr lange dauern wird, bis die Forderung nach Frieden jetzt erfüllt ist.

Gerade eben, bevor er das Café betrat, für 25 Schekel ein verspätetes Frühstück mit Spiegeleiern und Salat bestellte und vom Urlaub erzählte, hatte er wieder so ein frustrierendes Erlebnis. ›Frieden jetzt‹ hatte einen Bus organisiert und Interessierte zu einigen Siedlungen gefahren. Über Straßen, die in die Felsen des Westjordanlandes gefräst und nur jüdischen Siedlern vorbehalten sind – man erkennt sie an der Straßenbeleuchtung und ihrem guten Zustand. Damit sie nicht doch von Palästinensern benutzt werden, hat die israelische Armee Erdhaufen zusammengeschoben, die die Zufahrt von palästinensischen Dörfern aus versperren. Etkes stand vorne im Bus und wies auf solche Sachen hin.

Es ist mal wieder der Versuch, wenigstens einer Busladung von Israelis die Augen zu öffnen.

Dass der Bus während der ganzen Tour von einem Polizeiauto und einem Militärjeep begleitet wurde, wunderte Etkes noch nicht. Er weiß, dass Friedensleute im Westjordanland prinzipiell unerwünscht sind. Als er aber den Außenposten Migron ansteuern ließ und bei dem Stopp die Eskorte anschwoll, bis die Armee in Zugstärke und noch einmal so viele Polizisten anwesend waren, da war Etkes mal wieder klar,

dass es fast aussichtslos ist, seine Landsleute von der Sinn-
losigkeit des Siedlungsprojektes zu überzeugen, wenn die
Staatsmacht bis an die Zähne bewaffnet anrückt, um genau
das zu verhindern. Eigentlich hatte Etkes vorgehabt, den Mit-
reisenden Migron zu zeigen, das in den letzten Jahren auf
einem Hügel nahe Ramallah entstanden ist. Dann hätten sie
sehen können, wie sich 40 national-religiöse Familien an der
Hauptsiedlerstraße durchs Westjordanland und mit Jerusalem in Sichtweite das größte Containerdorf des Westjordanlandes geschaffen haben. Etkes hätte der Busbesatzung auch
den Zaun gezeigt, den sie um das Dorf gezogen haben und
der ein noch viel größeres Gelände umfasst. Am Abzweig der
Schotterpiste von der Siedlerstraße war aber bereits Schluss,
das dahinter liegende Gebiet erklärte ein Offizier kurzerhand
zum militärischen Sperrgebiet. Es wurde diskutiert, eine ältere Frau ereiferte sich gegenüber einem schwer bewaffneten
Polizisten mit verspiegelter Sonnenbrille, bis sie sich kopf-
schüttelnd abwandte. Etkes schlich sich derweil ein paar Meter weiter mit unschuldigem Blick an der Gruppe vorbei in
Richtung Hügelspitze, auf der das Containerdorf thront. Als
ihn einer der Soldaten sah, wurde Etkes sofort umringt und
zurückgebracht.

Das sind die Erlebnisse, die ihn fertig machen. Manchmal
sehnt er sich danach, nicht mehr auf die Suche nach neuen
Außenposten gehen zu müssen, aber er weiß, dass es niemand machen würde, wenn er es nicht macht. Und dann
könnten die Siedler wieder unbeobachtet an der Besiedlung
des Westjordanlandes weiterarbeiten.

Seine eigentliche Aufgabe verrichtet Etkes in der Einsam-
keit seines Geländewagens, dazu läuft wahlweise Bachs Mat-
thäuspassion oder die Johannespassion. Und wenn er Glück
hat, dann muss er die Musik nicht zu oft leise drehen, weil
längere Zeit kein Journalist anruft.

Er ist dann als Späher unterwegs, und er kennt das Land so
gut, dass ihm auch die kleinste Veränderung in den Siedlun-

gen und auf den Hügeln des kargen Landes nicht entgeht. Wird irgendwo gebaut, ragt plötzlich ein Antennenmast in die Luft, planieren anderswo Baumaschinen eine Straße zum Außenposten einer bereits bestehenden Siedlung, steht ein Stromgenerator, ein Wassertank oder ein Wohncontainer dort, wo bei der letzten Tour keiner stand, werden Masten für die Stromversorgung gesetzt – man kann sicher sein, dass Dror Etkes bereits dort war, es mit eigenen Augen gesehen und registriert hat. Regelmäßig fliegt er mit einem Flugzeug über das Westjordanland, um das, was er auf dem Boden beobachtet, mit sehr eindrucksvollen Luftbildern zu untermauern. Im Büro von ›Frieden jetzt‹ ist eine CD mit diesen Bildern erhältlich – wo vorher ein paar Container standen, stehen nachher ein Dutzend, wo vorher nur eine Schotterpiste war, ist nachher eine Straße asphaltiert. Dror Etkes ist die einzige zuverlässige Quelle, wenn man überprüfen will, ob sich die israelische Regierung an die Verpflichtung hält, keine neuen Außenposten mehr zuzulassen und Ansiedlungen abzubauen, die seit Anfang 2001 entstanden sind – so steht es im Friedensplan von UNO, EU, Russland und USA. Das Ergebnis ist das, was Etkes zunehmend frustriert: »Kein einziger Außenposten ist verschwunden, stattdessen werden bestehende ausgebaut, und es kommen laufend neue hinzu.«

Zum Beispiel Mitzpe Granit, nur wenige Kilometer von Jerusalem entfernt.

Als wir im Winter 2003 gemeinsam mit einer arte-Reporterin und ihrem Kameramann mit Etkes unterwegs waren, zeigte er uns diesen Außenposten, der eigentlich eine Fortsetzung der Siedlung Nofei Prat ist. Die wiederum ist eine Fortsetzung der Siedlung Kfar Adumim, dem bevorzugten Wohngebiet der Upper Class unter den Siedlern, über gut ausgebaute Straßen bequem von Jerusalem aus erreichbar, mit fantastischem Blick in die judäische Wüste, bei guter Sicht sogar bis zum Toten Meer. Damals hatte selbst Etkes' Geländewagen Mühe, die Hügelspitze zu erreichen. Am Wegesrand hatte jemand ein Holzschild in den Boden gerammt, auf dem in sauber ausgeschnitzten Buchstaben der Name dieses neuen Ortes stand. Noch bestand er nur aus zwei leerstehenden Containern. Die Vorbereitungen auf den Einzug des ersten Mitzpe Granit-Siedlers liefen, in der Ecke eines Containers stand ein Farbeimer, daneben lag ein Pinsel, die Wände waren frisch gestrichen. Vor der Tür stand ein Holzkohlegrill, eine leere Cola-Flasche lag daneben, ein Generator mit dem Aufdruck der jüdischen Regionalverwaltung Benjamin sicherte die Stromversorgung. »Es sind also Steuergelder, mit denen dieser Außenposten aufgebaut wird«, sagte Etkes. Die Regionalverwaltung, die nur für die jüdischen Siedlungen in ihrem Gebiet zuständig ist, sponsert auch die Wohncontainer.

Kaum hatten wir Mitzpe Granit erkundet, kam ein Jeep angefahren. Ein muskulöser und ebenso finster wie entschlossen blickender Mann stieg aus, an einem Tragegurt über der Schulter baumelte ein beeindruckendes Maschinengewehr. Der Siedlerwachdienst. Er wechselte ein paar nicht sehr freundliche Worte mit Etkes, verschwand wieder, um mit zwei ebenso bewaffneten Kollegen wiederzukommen. Die arte-Reporterin machte gerade ein Interview mit Etkes, er deutete vor der laufenden Kamera auf die umliegenden Hügel, die alle von Siedlungen besetzt waren. Die Wachmänner warfen den Generator in Gang, so erreichten sie ohne Worte, dass das Interview beendet wurde – bei dem ohrenbetäubenden Lärm hätten die Fernsehzuschauer nichts mehr verstanden. Sie begannen eine Diskussion mit Etkes, er warf ihnen Apartheid vor, sie fragten, warum er »diesen Journalisten« nicht Bilder von palästinensischen Mördern und Attentätern zeige. Einer fragte, was daran Apartheid sei, wenn er Palästinensern Arbeit gebe – schließlich hätten sie sein Haus gebaut. Ein anderer stammte aus Mexiko. Vor 15 Jahren sei er nach Israel eingewandert, erzählte er. Er lebe in Nofei Prat und bewache die Siedlung. Gefragt, warum er ausgerechnet hier wohne, antwortete er, weil ihm die Landschaft so gut gefalle, weil dieser Ort so nah an Jerusalem liege, was für ihn als Juden wichtig sei, außerdem sei das nächste arabische Dorf weit genug entfernt. »Hier stören wir also niemanden«, sagte er. Als wir entgegneten, dass die israelische Besatzung ja nicht nur aus den paar Häusern seines Ortes bestehe, sondern dass 250 000 Siedler im Westjordanland leben und den Palästinensern das Leben schwer machen durch Siedlerstraßen, Checkpoints und die Militärpräsenz, da fiel ihm nur ein, was in solchen Momenten immer kommt, tausendmal gehört hat man das schon: »Halb Asien gehört den Arabern, warum das hier auch? Mexiko gehört den Mexikanern, Spanien den Spaniern, Israel den Arabern? Das kann doch nicht sein.«

So einen Außenposten zu gründen, ist ganz einfach. In der Nähe einer bereits bestehenden Siedlung, auf dem nächsten Hügel, vielleicht auch ein Stück weiter weg, wird irgendetwas aufgestellt, eine Antenne, ein Wassertank, am besten aber ein Wohncontainer. Das ist eine weiß angestrichene Kiste, einer Garage nicht unähnlich, mit Fenstern und einer Tür. Einen Container aufzustellen ist praktisch, weil der Außenposten bevölkert werden soll. Was dort aufgestellt wird, muss bewacht werden, der Wachmann kann gleich in das zu bewachende Objekt einziehen. »Der Wachmann hat eine Familie oder Freunde, also bleibt er nicht allein, es werden mehr Container aufgestellt. Dann wird ein Stromgenerator daneben gestellt, später wird eine Straße planiert, um den Posten wird ein Zaun zum Schutz vor ungebetenen Gästen gezogen, so geht es immer weiter«, sagt Etkes.

Jetzt, zwei Jahre später, ist Mitzpe Granit auf vier Wohncontainer angewachsen, die Zufahrtstraße ist asphaltiert. Etkes kann es mit einem Luftbild beweisen.

Warum die Regierung ihrer Verpflichtung nicht nachkommt und solche Außenposten nicht einfach abbaut, ist für ihn klar: »Sie wollen weiter Fakten schaffen und mehr Land gewinnen.« Die offizielle Erklärung lautete im vergangenen Jahr stets, die Regierung habe es doch schon so schwer wegen der 25 Siedlungen, die geräumt werden, da dürfe man die Siedler nicht noch weiter gegen sich aufbringen.

Dabei ist auch der Abbau von Außenposten ganz einfach, Dror Etkes hat der Regierung gezeigt, wie man es macht. Die Siedler von Migron, dem schon bekannten Außenposten bei Ramallah, hatten an ihre Zufahrtsstraße einen Container gestellt. Das sollte der Anfang einer neuen Siedlung werden. Etkes sah den Container bei einer seiner Fahrten, und in einer mondlosen Nacht kam er zurück. Er brachte einige Freunde mit, die ihm dabei halfen, den Container auf einen Lastwagen zu laden und abzutransportieren. Sie brachten ihn nach Tel Aviv vor das Hauptquartier des Verteidigungsministeriums. Dort stellten sie ihn ab, verziert mit den blau-weißen Aufklebern von ›Frieden jetzt‹. Nun konnte jeder sehen, wie leicht es ist, einen Posten zu räumen. Die Polizei allerdings fand das gar nicht lustig und verhörte Etkes wegen Diebstahls. In einer anderen Nachtaktion wurde der Container wieder an seinen Platz nach Migron gebracht. Dagegen hatten dann offensichtlich weder die Armee noch die Polizei etwas.

Dror Etkes und die Siedler. Nach drei Jahren scheint er es satt zu haben. Als er damit anfing, tat er es, weil er nicht länger zuschauen wollte, wie sich sein Land mehr und mehr in einen Sumpf begibt, in dem es zu versinken droht. Einerseits wird immer wieder betont, Israel sei die einzige Demokratie im Nahen Osten, aber andererseits »hat es sich einen Apartheid-Staat im Hinterhof geschaffen. Das schließt sich doch aus.«

Etkes stammt aus einer religiösen Familie, er wuchs in einem rechts-nationalen Umfeld auf, »chauvinistisch« nennt er es. 1987, als die erste Intifada begann, war er 19 Jahre alt. »In der Armee wurden wir von unserer eigenen Regierung benutzt.« Wie die meisten Israelis zog er nach dem Militärdienst durch die Welt. Man braucht das, um abzuschalten. Etkes blieb sieben Jahre lang weg. USA, Lateinamerika, er lebte einige Zeit in London und anderthalb Jahre in Berlin. Als er zurückkam, war Benjamin Netanjahu gerade an die Macht gekommen. Es war die Zeit nach Oslo, als die Hoffnung verloren ging. Ein anderes Land. Palästinensische Selbstmordattentäter verbreiteten Angst und Schrecken, in den besetzten Gebieten wurden Siedlerstraßen gebaut, die den Siedlern Sicherheit geben sollten, die aber zugleich ein großer Schritt waren zu einem getrennt vom demokratischen Israel funktionierenden Siedlerstaat. Etkes fuhr hin, er sah, was passierte, »das war eine neue Art von Besatzung. Ich hatte das Gefühl, dass hier etwas total schief läuft.«

Die zweite Intifada war für ihn wie ein Weckruf: »Hey, wach auf, du bist nicht mehr in Berlin, Paris oder London, es geht um die Demokratie.« Als ›Frieden jetzt‹ ihm den Job anbot, die Siedlungen zu überwachen, griff er zu. »»Frieden jetzt‹ wäre mir früher zu pro-israelisch gewesen, zu wenig revolutionär. Ich war viel radikaler. Aber ich musste etwas machen.« Bei einer etablierten Organisation ging das am ehesten.

Drei Jahre ist das her. Tausende Kilometer ist er gefahren, er kennt jeden Hügel, hat unzählige Diskussionen mit Siedlern geführt, wurde mit Steinen beworfen und wusste, dass seine Freundin zu Hause auf ihn wartete.

»Ich fühle mich wie ein Gefangener der Realität.« Die Realität ist die Besatzung und sein Kampf dagegen. Einmal damit angefangen, kann er nicht mehr einfach damit aufhören. Er hat es satt, aber wer soll es sonst machen? Nach dem Urlaub in Deutschland hat er entschieden, dass er kürzer treten will. Vorträge nur noch vormittags. Und nachmittags will er von seinen Touren zurück sein. Spätestens.

Zeittafel

(beginnend mit der ersten jüdischen Einwanderungswelle)

1881/1882

Auf die Ermordung Zar Alexanders II. in Russland folgen Pogrome. Die Auswanderungswelle russischer Juden nach Palästina markiert den Beginn der Ersten Aliyah (hebräisch für Einwanderung).

1896

Theodor Herzl veröffentlicht sein Buch ›Der Judenstaat‹.

1897

Erster zionistischer Kongress in Basel. Herzl wird zum Vorsitzenden der Zionistischen Organisation gewählt.

1903

Beginn der Zweiten Aliyah, Einwanderung sozialistischer Zionisten nach Palästina.

England bietet den Zionisten Uganda zur Besiedlung an.

1904

3. Juli: Theodor Herzl stirbt in Edlach, Österreich.

1909

Vor den Toren Jaffas wird Tel Aviv gegründet. Am See Genezareth entsteht der erste Kibbuz, Degania.

1916

9. Mai: Im ›Sykes-Picot-Pakt‹ verhandeln Großbritannien und Frankreich über eine Nachkriegsordnung für den Nahen Osten.

1917

2. November: In einem Brief des britischen Außenministers Arthur James Balfour an Baron Lionel Walter Rothschild sichert England den Juden Unterstützung für die »Gründung einer jüdischen Heimstätte in Palästina« zu.

9. Dezember: Unter der Führung von General Edmund Henry Hynman Allenby erobern britische Truppen Jerusalem.

1918

31. Oktober: In Mudros auf der Ägäis-Insel Limnos wird der Waffenstillstand zwischen dem Osmanischen Reich und Großbritannien unterzeichnet. Damit ist das Osmanische Reich am Ende, Großbritannien besetzt Palästina.

1920

19. bis 26. April: Auf der Konferenz von San Remo wird Großbritannien das Mandat über Palästina übertragen.

1. Juli: Sir Herbert Samuel tritt sein Amt als britischer Hochkommissar in Palästina an.

Dritte Aliya, Gründung der jüdischen Gewerkschaftsbewegung Histadrut.

1921

1. Mai: Antizionistische Unruhen in Jaffa.

8. Mai: Amin al Husayni wird zum Groß-Mufti von Jerusalem ernannt.

Dezember: Gründung des Obersten Muslimischen Rates.

1929

August: Antijüdische Aufstände in Jerusalem, Hebron und anderen Orten.

1932-1938

Fünfte Alyjah, nach der Machtergreifung Hitlers wandern 200 000 Juden aus Europa nach Palästina ein.

1938

9. November: Die Nacht der Nazi-Pogrome gegen Juden. In ganz Deutschland brennen Synagogen, werden Geschäfte und Wohnungen verwüstet.

1942

20. Januar: Wannsee-Konferenz: In Berlin koordinieren die führenden Nazi-Größen die Vernichtung der europäischen Juden

1947

29. November: Die UNO beschließt die Teilung Palästinas in einen jüdischen und einen arabischen Staat. Jerusalem soll als Corpus separatum international verwaltet werden. Heftige Kämpfe zwischen Juden und Arabern.

1948

9. April: Massaker im arabischen Dorf Deir Jassin durch die jüdische Untergrundorganisation Irgun unter Führung Menachem Begins. Circa 300 000 Araber fliehen aus Palästina.

14. Mai: Einen Tag vor dem Ende des Britischen Mandats ruft David Ben Gurion den Staat Israel aus. Am Tag darauf greifen fünf arabische Staaten Israel an.

28. Mai: Eroberung und Zerstörung des jüdischen Viertels in der Altstadt von Jerusalem durch arabische Truppen. Im Herbst fliehen noch einmal circa 400 000 Araber in die Nachbarländer.

1949

15. Januar: Waffenstillstandsabkommen zwischen Israel und Ägypten, Libanon, Jordanien und Syrien. Israel dehnt seine Grenzen über das Gebiet hinaus, das die UNO für den jüdischen Staat vorgesehen hatte. Jordanien besetzt das Westjordanland, inklusive Ost-Jerusalem mit der Altstadt, Israel hält West-Jerusalem.

25. Januar: Erste Wahlen zur Knesset.

16. Februar: Chaim Weizmann wird erster Staatspräsident.

11. Mai: Aufnahme Israels in die UNO.

13. Dezember: Jerusalem wird zur Hauptstadt des Staates Israel erklärt.

1950

5. Juli: Die Knesset beschließt das Gesetz der Rückkehr: Jeder Jude hat das Recht, in Israel zu leben.

Im September werden mit der »Operation Zauberteppich« Tausende Juden aus dem Jemen nach Israel gebracht.

1951

20. Juli: Der jordanische König Abdullah stirbt an den Folgen eines Attentates durch einen palästinensischen Nationalisten.

100 000 Juden aus dem Irak werden mit einer Luftbrücke nach Israel geflogen.

1952

23. Juli: Militärrevolte in Ägypten, König Faruk dankt ab, Beginn der politischen Karriere Gamal Abdel Nassers.

Jizchak Ben Zvi wird zweiter Staatspräsident Israels.

1953

7. Dezember: Rücktritt David Ben Gurions als Premierminister Israels, Mosche Scharett wird sein Nachfolger.

1955

2. November: Rückkehr David Ben Gurions ins Amt des israelischen Premierministers.

1956

26. Juli: Ägyptens Präsident Nasser verstaatlicht den Suez-Kanal.

24. Oktober: Großbritannien, Frankreich und Israel vereinbaren im Geheimabkommen von Sèvres, Ägypten anzugreifen.

29. Oktober: Einmarsch Israels, Besetzung des Gaza-Streifens und der Sinai-Halbinsel.

5. November: Fehlgeschlagener Angriff Großbritanniens und Frankreichs, um die Verstaatlichung des Suez-Kanals rückgängig zu machen. Zugleich Offensive Frankreichs und Englands gegen Ägypten, um Nasser zu zwingen, die Nationalisierung des Suez-Kanals rückgängig zu machen.

1957

Januar: Israel zieht sich von der Sinai-Halbinsel zurück.

März: Israel zieht sich aus dem Gaza-Streifen zurück.

1958

14. Juli: Die irakische Monarchie wird durch einen Militärputsch gestürzt.

Jassir Arafat und Abu Jihad (Khalil al-Wazir) gründen die palästinensische Fatah-Bewegung in Kuwait mit dem Ziel, Palästina von der israelischen Kontrolle zu befreien.

1964

29. Mai: Gründung der Palästinensischen Befreiungsorganisation unter der Schirmherrschaft der Arabischen Liga.

1965

12. Mai: Aufnahme diplomatischer Beziehungen zwischen Israel und der Bundesrepublik Deutschland.

1967

Mai: Gamal Abdel Nasser weist die UN-Truppen aus dem Sinai aus, blockiert den für Israel wichtigen Zugang zum Roten Meer bei Elat und zieht Truppen an der Grenze zu Israel zusammen.

5. bis 11. Juni: Israel erringt einen entscheidenden Sieg gegen Ägypten, Syrien und Jordanien und erobert das Westjordanland mit dem arabischen Ostteil Jerusalems von Jordanien, den Gaza-Streifen von Ägypten und die Golan-Höhen von Syrien.

22. November: Der UNO-Sicherheitsrat verabschiedet die Resolution 242. Darin wird Israel aufgefordert, sich auf seine international anerkannten Grenzen zurückzuziehen.

1969

26. Februar: Nach dem Tod Levi Eschkols wird Golda Meir Premierministerin Israels.

März: Beginn des ägyptisch-israelischen Krieges am Ostufer des Suez-Kanals.

1970

Israel und Ägypten schließen einen Waffenstillstand zur Beendigung des Zermürbungskrieges am Suez-Kanal.

28. September: Tod Gamal Abdel Nassers.

15. Oktober: Anwar el Sadat wird zu dessen Nachfolger als Präsident von Ägypten gewählt.

›Schwarzer September‹: Der Konflikt zwischen der PLO und der jordanischen Regierung verschärft sich, bis die PLO durch die jordanische Armee aus dem Lande geworfen wird und ihren Hauptsitz nach Beirut verlegt.

1972

September: Palästinensische Terroristen greifen die israelische Mannschaft bei den Olympischen Spielen in München an, 11 israelische Athleten und fünf Terroristen kommen ums Leben.

1973

6. Oktober: Beginn des Yom Kippur-Kriegs.

21. Oktober: Der UN-Sicherheitsrat fordert in der Resolution Waffenstillstand und Verhandlungen zwischen den Kriegsparteien.

11. November: Unterzeichnung des ägyptisch-israelischen Waffenstillstandsabkommens.

21. Dezember: Nahost-Friedenskonferenz in Genf, jedoch nach einem Tag vertagt.

1974

10. April: Golda Meir tritt als israelische Premierministerin zurück, Nachfolger wird Yitzchak Rabin.

26. bis 29. Oktober: Bei der Konferenz der Arabischen Liga in Rabat wird die PLO als einzige legitime Repräsentantin der Palästinenser anerkannt.

13. November: PLO-Führer Jassir Arafat spricht vor der UN-Vollversammlung.

1975

13. April: Beginn des Bürgerkriegs im Libanon.

5. Juni: Der seit 1967 gesperrte Suez-Kanal wird wieder geöffnet.

1. September: Israel und Ägypten unterzeichnen Waffenstillstandsvertrag ›Sinai II‹.

1977

17. Mai: Sieg Menachem Begins mit dem rechtskonservativen Likud-Block bei der israelischen Parlamentswahl. Zum ersten Mal seit der Staatsgründung wird die Arbeitspartei nicht Regierungspartei.

19. bis 21. November: Besuch des ägyptischen Staatspräsidenten Anwar el Sadat in Jerusalem.

1979

26. März: In Washington wird der Friedensvertrag zwischen Israel und Ägypten unterzeichnet.

1980

30. Juli: Im ›Jerusalem-Gesetz‹ erklärt Israel gegen massive arabische Proteste ganz Jerusalem zur »ewigen und ungeteilten Hauptstadt«.

1981

6. Oktober: Anwar el Sadat wird bei einer Truppenparade ermordet. Husni Mubarak wird sein Nachfolger.

14. Dezember: Israel annektiert die Golan-Höhen.

1982

26. April: Abschluss des israelischen Rückzugs von der Sinai-Halbinsel (mit Ausnahme des Grenzortes Taba).

6. Juni: Israel marschiert in den Libanon ein, dort sollen Stellun-

gen der PLO zerstört werden. Christliche Falangisten verüben Massaker in den palästinensischen Flüchtlingslagern Sabra und Schatila in Beirut.

1983

Februar: Eine Untersuchungskommission wirft dem israelischen Verteidigungsminister Ariel Scharon vor, die Massaker in Sabra und Schatila geduldet zu haben, und erzwingt seinen Rücktritt. 28. August: Menachem Begin tritt als Premierminister zurück, sein Nachfolger wird Yitzchak Schamir.

1984

14. September: Schimon Peres wird Premierminister von Israel an der Spitze einer ›Regierung der nationalen Einheit‹.

1985

Mit der Luftbrücke ›Operation Moses‹ werden 50 000 Juden aus Äthiopien nach Israel gebracht.

1986

20. Oktober: Yitzchak Schamir löst Schimon Peres im Amt des israelischen Premierministers ab.

1987

8. Dezember: Beginn der ersten Intifada in den besetzten palästinensischen Gebieten: Mit Steinwürfen und Streiks setzen sich die Palästinenser gegen die israelische Militärherrschaft zur Wehr.

1988

Dezember: Jassir Arafat verpflichtet sich in einer Ansprache vor den Vereinten Nationen zum Verzicht auf terroristische Aktionen. Israel zieht sich aus Taba zurück.

1990

2. August: Irak besetzt Kuwait.

1991

16. Januar: Beginn des Golfkriegs, die USA bombardieren Irak. 30. Oktober: Beginn der Nahost-Friedenskonferenz in Madrid.

1992

23. Juni: Yitzchak Rabin löst mit der Arbeitspartei die Likud-Regierung ab.

1993

13. September: Yitzchak Rabin und Jassir Arafat unterzeichnen in Washington das ›Gaza-Jericho-Abkommen‹ (Oslo I), durch das der Gaza-Streifen und das Gebiet um die Stadt Jericho unter palästinensische Selbstverwaltung gestellt werden.

8. August: Als erster Staat der Welt eröffnet die Bundesrepublik Deutschland eine diplomatische Vertretung in Jericho. Yitzchak Rabin, Schimon Peres und Jassir Arafat erhalten den Friedensnobelpreis.

1994

25. Februar: Baruch Goldstein aus der jüdischen Siedlung Kirjat Arba bei Hebron erschießt 29 Palästinenser in der Ibrahimi-Moschee in Hebron.

Juli: Jassir Arafat kehrt nach Palästina zurück und übernimmt die Leitung der Palästinensischen Autonomiebehörde.

26. Oktober: Unterzeichnung des Friedensvertrages zwischen Jordanien und Israel.

1995

28. September: Unterzeichnung des zweiten Osloer Abkommens (Oslo II) zum Rückzug Israels aus weiteren Teilen des Westjordanlandes.

4. November: Israels Premierminister Yitzchak Rabin wird nach einer Friedenskundgebung vor dem Rathaus in Tel Aviv von einem jüdischen Rechtsextremisten erschossen.

1996

21. Januar: Bei den ersten palästinensischen Wahlen wird PLO-Chef Jassir Arafat zum palästinensischen Präsidenten gewählt.

Februar: Bei palästinensischen Selbstmordattentaten in Jerusalem und Tel Aviv sterben 58 Menschen.

29. Mai: Benjamin Netanjahu (Likud) gewinnt gegen Schimon Peres bei den israelischen Parlamentswahlen.

1997

15. Januar: Im ›Hebron-Abkommen‹ vereinbaren Israel und die Palästinensische Autonomiebehörde den Rückzug der israelischen Armee aus Hebron.

1999

17. Mai: Ehud Barak (Arbeitspartei) gewinnt die israelische Wahl vor Benjamin Netanjahu.

2000

24. Mai: Rückzug Israels aus dem Süd-Libanon.

Juli: Das Gipfeltreffen zwischen Ehud Barak und Jassir Arafat in Camp David scheitert vor allem am Streit um Ost-Jerusalem. Die Palästinenser beanspruchen diesen Teil der Stadt als Hauptstadt ihres Staates, Israel hat Jerusalem zur »ewigen und ungeteilten Hauptstadt Israels« erklärt.

28. September: Im israelischen Wahlkampf besucht der Likud-Kandidat Ariel Scharon den Tempelberg in der Altstadt von Jerusalem. Beginn der zweiten Intifada (›Al Aksa-Intifada‹). Bis zum Jahresende sterben 300 Menschen bei Unruhen.

2001

Januar: Die israelisch-palästinensischen Gespräche in Taba am Roten Meer werden ausgesetzt, nachdem beide Seiten einer Einigung sehr nahe gekommen waren.

6. Februar: Ariel Scharon schlägt Ehud Barak bei den israelischen Wahlen.

1. Juni: Ein Hamas-Terrorist sprengt sich vor der Diskothek ›Dolfinarium‹ in Tel Aviv in die Luft, 21 Israelis sterben.

17. Oktober: Palästinensische Terroristen erschießen in Jerusalem den israelischen Tourismusminister Rechawam Ze'evi, einen Hardliner in der Regierung Scharon. Israel macht Jassir Arafat persönlich für das Attentat verantwortlich und stellt ihn Wochen später faktisch unter Hausarrest in der Mukata'a in Ramallah.

2002

März: 127 Palästinenser sterben bei israelischen Luftangriffen.

28. März: Israel besetzt erneut große Teile des Westjordanlandes.

24. Juni: US-Präsident George Bush spricht sich für einen »provisorischen Palästinenserstaat« aus.

Im Sommer: Israel beginnt gegen den Protest der Palästinenser und der Internationalen Gemeinschaft mit dem Bau einer Sperranlage, die das Westjordanland als Zaun und als Mauer von Israel trennen soll. Sie soll vor Selbstmordattentätern schützen, durchschneidet aber an vielen Stellen palästinensisches Land.

2003

28. Januar: Wahlen in Israel – Ariel Scharons Likud-Block erringt einen klaren Sieg über die von Amram Mitzna geführte Arbeitspartei.

29. April: Machmud Abbas (Abu Mazen) wird zum ersten palästinensischen Premierminister ernannt.

30. April: Das ›Nahost-Quartett‹ aus UNO, USA, EU und Russland legt einen Fahrplan (›Roadmap‹) vor, der zum Frieden in Nahost führen soll.

6. September: Nach einem Machtkampf mit Jassir Arafat tritt Machmud Abbas als palästinensischer Premierminister zurück, Nachfolger wird Achmed Kurei, genannt Abu Ala.

2004

2. Februar: In einem Interview kündigt Ariel Scharon die Aufgabe der jüdischen Siedlungen im Gaza-Streifen an.

23. Februar: Vor dem Internationalen Gerichtshof in Den Haag beginnt auf Wunsch der UN-Vollversammlung eine Anhörung über die Rechtmäßigkeit der Sperranlage. Israel boykottiert das Verfahren, auch die EU lehnt die Anhörung ab – obwohl sie den Verlauf der Anlage kritisiert.

22. März: Der Gründer und Führer der islamistischen Hamas, Scheich Achmed Jassin, wird bei einem israelischen Hubschrauberangriff getötet. Laut Hamas habe Israel »das Tor zur Hölle aufgestoßen«; Ariel Scharon gratuliert der Armee zu dem Schlag.

14. April: Bei einem Hubschrauberangriff tötet die israelische Armee den neuen Führer der Hamas, Abdel Asis Rantisi, in Gaza-Stadt. Israel machte den Kinderarzt für zahlreiche Morde an israelischen Zivilisten verantwortlich.

15. April: Von einem Besuch bei US-Präsident George Bush kommt Ariel Scharon gestärkt zurück. In einem Brief versichert Bush Scharon, die großen Siedlungsblöcke im Westjordanland sollten auf Dauer Bestandteile des Staates Israel werden. Außerdem spricht sich Bush für eine palästinensische Lösung der Flüchtlingsfrage aus – also keine Rückkehr in das heutige Israel.

25. Juli: Zehntausende Israelis protestieren mit einer 90 Kilometer langen Menschenkette gegen die geplante Räumung von 25 jüdischen Siedlungen.

26. Oktober: Die Knesset beschließt die Räumung aller jüdischen Siedlungen im Gaza-Streifen und von vier Siedlungen im nördlichen Teil des Westjordanlandes.

27. Oktober: Der palästinensische Präsident Jassir Arafat scheint ernsthaft erkrankt zu sein.

29. Oktober: Jassir Arafat wird zur Behandlung nach Paris gebracht.

11. November: Jassir Arafat stirbt in einem französischen Militärkrankenhaus nahe Paris.

12. November: Zur Trauerfeier für Jassir Arafat in der ägyptischen Hauptstadt Kairo kommen Staatsgäste aus aller Welt. Am Nachmittag wird der Leichnam Arafats nach Ramallah geflogen. Tausende Palästinenser kommen zu seiner Beerdigung auf dem Innenhof der Mukata'a.

2005

9. Januar: Erste Präsidentschaftswahl in den Palästinensischen Gebieten seit 1996. Machmud Abbas wird mit 62,3 Prozent der Stimmen zum Nachfolger Arafats gewählt. Internationale Wahlbeobachter attestieren einen reibungslosen Ablauf der Wahl.

13. Januar: Seit Tagen fliegen wieder Kassam-Raketen aus dem Gaza-Streifen auf israelisches Gebiet. Palästinensische Terroristen töten bei einem Anschlag auf einen Grenzübergang zum Gaza-Streifen sechs Israelis. Ariel Scharon friert alle Kontakte zur Palästinensischen Autonomiebehörde ein und denkt über eine Bombardierung von Gaza-Stadt nach; sein Generalstabschef hält ihn zurück. In den folgenden Tagen erreicht Machmud Abbas bei den Terrorgruppen eine Waffenruhe.

17. Januar: Die Bewohner der israelischen Kleinstadt Sderot treten in einen kollektiven Streik. Von ihrer Regierung in Jerusalem fühlen sie sich nicht ausreichend beschützt. Wegen ihrer Nähe zum Gaza-Streifen wird Sderot immer wieder mit Kassam-Raketen beschossen.

8. Februar: Auf dem palästinensisch-israelischen Gipfeltreffen im ägyptischen Badeort Scharm el Scheich vereinbaren Ariel Scharon und Machmud Abbas eine Waffenruhe nach über vier Jahren Blutvergießen in der zweiten Intifada. Israel verspricht Erleichterungen für die Palästinenser in den besetzten Gebieten.

9. März: Die ehemalige israelische Generalstaatsanwältin Talia Sasson veröffentlicht einen Bericht über illegale Siedlungen im Westjordanland. Er war von der Regierung Scharon auf Druck der US-Regierung in Auftrag gegeben worden. Demnach haben alle israelischen Regierungen die Errichtung illegaler Siedlungen massiv unterstützt.

April: Israel erhöht die Sicherheitsvorkehrungen in der Altstadt von Jerusalem. Rechtsextreme Juden haben damit gedroht, aus Protest gegen den Abzugsplan einen Anschlag auf den muslimischen Felsendom auf dem Tempelberg zu verüben.

Machmud Abbas beginnt mit der lange geforderten Reform der Sicherheitsdienste. Elf Organisationen sollen zu drei vereinigt werden.

21. Juni: Gipfeltreffen von Scharon und Abbas in Jerusalem, allerdings ohne Ergebnisse. In den Tagen davor verüben Terroristen des Islamischen Dschihad mehrere Anschläge, Israel erklärt dieser Organisation gegenüber die Waffenruhe für beendet. In der Nacht werden im Westjordanland 50 Dschihad-Mitglieder verhaftet.

30. Juni: Extremistische jüdische Siedler und Abzugsgegner verschanzen sich in einem Hotel im Gaza-Streifen. Gewaltsame Aktionen aus Protest gegen die bevorstehende Räumung der Siedlungen nehmen zu. Die israelische Regierung erklärt die Siedlungen im Gaza-Streifen zum militärischen Sperrgebiet.

4. August: In der arabisch-israelischen Stadt Schfaram erschießt ein extremistischer israelischer Soldat vier Palästinenser. Er war aus Protest gegen den Abzugsplan desertiert, hatte seine Waffe aber behalten. Die aufgebrachte Menge lyncht den Soldaten nach den Morden.

7. August: Das israelische Kabinett beschließt die erste Phase des Abzugs aus den Siedlungen. Wenige Minuten zuvor reicht Fi-

nanzminister Benjamin Netanjahu seinen Rücktritt ein. Er nennt die Räumung »unverantwortlich«.

11. August: Noch einmal demonstrieren auf dem Rabin-Platz in Tel Aviv Zehntausende gegen die Räumung der Siedlungen.

15. August: Die Frist zur freiwilligen Räumung der Siedlungen endet. Noch zwei Tage, dann rücken Soldaten und Polizisten zu Zwangsräumungen an.

22. August: Nach knapp einer Woche sind alle 21 Siedlungen im Gaza-Streifen geräumt. Dabei kommt es zu weniger gewaltsamen Protesten als befürchtet. Die Armee beginnt mit der Zerstörung der Siedlerhäuser.

23. August: 17 000 israelische Soldaten und Polizisten sind im Einsatz, um die Räumung der vier Siedlungen im Westjordanland abzuschließen. Der befürchtete Widerstand bleibt aus, es gibt nur wenige Verletzte. Am Nachmittag ist das gesamte Projekt der Räumung von 25 Siedlungen abgeschlossen – weit früher als ursprünglich geplant.

26. August: Offiziellen Angaben zufolge ist die jüdische Bevölkerung im besetzten Westjordanland in den vergangenen zwölf Monaten um 12 800 Menschen gewachsen. Vor allem ultraorthodoxe Siedlungen wie Beitar Illit, aber auch als extremistisch geltende Orte wie Tapuach oder Hebron haben neue Bewohner aufgenommen. Damit leben in 116 Siedlungen etwa 246 000 Israelis inmitten von 2,4 Millionen Palästinensern. Die Regierung Scharon plant weitere Neubauten, um Jerusalem mit der Groß-Siedlung Ma'aleh Adumim zu verbinden. Damit wäre die territoriale Kontinuität eines zukünftigen palästinensischen Staates unmöglich gemacht.

8. September: Attentäter erschießen in Gaza-Stadt den ehemaligen Sicherheitschef Mussa Arafat, einen Neffen Jassir Arafats. Der Mord ist nur ein weiteres Anzeichen für zunehmende interne Konflikte zwischen verschiedenen Gruppierungen im Gaza-Streifen.

12. September: Brigadegeneral Avi Kochavi verlässt als letzter Israeli den Gaza-Streifen, hinter ihm wird das Tor am Kissufim-

Übergang geschlossen. Damit ist die israelische Besatzung des Gaza-Streifens nach 38 Jahren beendet. Palästinenser strömen massenhaft in die ehemaligen Siedlungen. In den Trümmern der Häuser stöbern sie nach Verwertbarem, mehrere ehemalige Synagogen werden in Brand gesteckt.

24. September: Terroristen der Hamas beschießen Sderot mit mehreren Dutzend Kassam-Raketen. Die israelische Luftwaffe fliegt darauf Angriffe auf Gaza-Stadt. In der Nacht werden überall im Westjordanland 207 gesuchte Palästinenser verhaftet.

26. Oktober: Bei dem ersten Selbstmordattentat seit dem Abzug aus 25 jüdischen Siedlungen tötet ein palästinensischer Terrorist in der israelischen Stadt Chadera fünf Menschen. Dutzende werden verletzt. Der Islamische Dschihad bekennt sich zu dem Anschlag. Auch die Hamas stellt die Fortsetzung der Waffenruhe in Frage.

30. Oktober: Der israelische Verteidigungsminister Schaul Mofaz bekräftigt, die Armee werde gegen den Islamischen Dschihad so lange vorgehen, bis er zerstört sei. Die Tageszeitung Haaretz meldet, das Westjordanland werde durch große Kontrollposten in mehrere Kantone unterteilt.

1. November: Die israelische Luftwaffe tötet bei Angriffen auf den Gaza-Streifen einen Terroristen der Hamas und einen der Al Aksa-Brigaden. Sie sollen für mehrere Selbstmordattentate verantwortlich gewesen sein. Die Hamas nennt Israels Vorgehen »einen offenen Krieg« und droht mit Rache.

10. November: Der 53-jährige Gewerkschaftsführer Amir Peretz wird zum Vorsitzenden der israelischen Arbeitspartei gewählt. Er löst den 82-jährigen Schimon Peres ab. Peretz kündigt den Austritt der Arbeitspartei aus der Regierungskoalition mit Ariel Scharons Likud an.

21. November: Premierminister Ariel Scharon bittet den israelischen Staatspräsidenten Mosche Katzav um die Auflösung des Parlaments und die Ansetzung von Neuwahlen. Scharon will mit einer neuen Partei namens ›Kadima‹ (›Vorwärts‹) antreten.